[亲历大家系列]

我认识的朱光潜

吴泰昌 著

朱光潜

[修订本]

生活·讀書·新知 三联书店

晚年的朱光潜教授（潘德润摄）

目　录

听朱光潜老师闲谈（代序）*

朱光潜（孟实）先生八十四岁时曾说过："我一直是写通俗文章和读者道家常谈心来的。"读过这位名教授数百万言著作和译著的人，无不感到他的文章，即便是阐述艰深费解的美学问题和哲学问题，也都是以极其晓畅通俗的笔调在和读者谈心。接触过他的人也同样感到，在生活中，他喜爱和朋友、学生随意交谈。亲切随和的谈心，汩汩地流出了他露珠似的深邃思想和为人为文的品格。可惜的是，这些闲谈，其中许多并未形诸文字。

上世纪50年代末，我在燕园生活了四五年，还没有机会与先生说过一句话，更别说交谈、谈心了。50年代中期，北大一度学术空气活跃，记得当时全校开过两门热闹一时的擂台课：一门是《红楼梦》，由吴组缃先生和何其芳先生分别讲授；另一门是美学，由朱光潜先生和蔡仪先生分别讲授。那年我上大二，年轻好学，这些名教授的课，对我极有吸引力，堂堂不落。课余休息急忙从这个教室转战到那个教室，连上厕所也来不及。朱先生的美学课安排在大礼堂，从教室楼跑去，快也要十

---

* 本文写于1986年5月，原载1986年第6期《文汇月刊》，此次作为本书"代序"时个别文字做了改动。

分钟。常常是当我气喘吁吁地坐定，朱先生已开始讲了。他是一位清瘦的弱老头，操着一口安徽桐城口音，说话缓慢，瞪着一双大眼，这就是赫赫有名的美学大师。朱先生最初留给我的就是这使人容易接近又略带某种神秘感的印象。当时美学界正在热烈论争美是什么，是主观，还是客观？……朱先生是论争的重要一方。他的观点有人不同意，甚至遭到批评。讲授同一课题的老师在讲课时，就时不时点名批评他。朱先生讲课态度从容，好像激烈的课堂内外的争论与他很远。他谈笑风生，只管从古到今，从西方到中国，引经据典地论证自己的观点。他讲得条理清晰、知识性强，每次听课的除本校的，还有外校和研究单位的人员，不下五六百人。下课以后，人群渐渐流散，只见他提着一个草包，里面总有那个小热水瓶和水杯，精神抖擞地沿着未名湖边的水泥小径走去。几次我在路上等他，想向他请教听课时积存的一些疑问，可当时缺乏这种胆量。

60年代初，他从西方语言文学系到哲学系，特为美学教研室和文艺理论教研室的教师、研究生讲授西方美学史。我们及时拿到了讲义，后来这些讲义成为高校教材正式出版了。也许因为听课的人只有一二十位，房间也变小了；或许因为我们这些学生年龄增长了，在朱先生的眼中我们算得上是大学生了，他讲课时常停下来，用眼神向我们发问。逼得我在每次听课前必须认真预习，听课时全神贯注，以防他的突然提问。后来渐渐熟了，他主动约我们去他家进行辅导，要我们将问题先写好，头两天送去，一般是下午3时约我们去他的寓所。那时他住在燕东园，怕迟到，我们总是提前去，有时走到未名湖发现才2点，只好放慢脚步观赏一番湖光塔影，消磨时间，一会儿又急匆匆地赶去，星散在花园里的一座座小洋楼静谧得连一点声音也没有。我们悄声地上了二楼，只见朱先生已在伏案工作。桌面上摊开了大大小小的西文书，桌旁小书架上堆放了积木似的外文辞典。他听见我们的脚步声近了才放下笔，抬起头来看我们。他辅导的语调仍然是随和的，但我并没有太感到他的亲切，只顾低着头，迅速一字一字、一句一句记。我们提多少问题，他答多少，有的答得详细，有的巧妙绕开。他事先没有写成文字，连一页简单的提纲都没有。他说得有条不紊，记下来就是一段段干净的文字。每次走回校园，晚饭都快收摊了，一碗白菜汤，两个馒头，内心也感到充实。晚上就着微弱昏暗的灯光再细读朱先生的谈话记录。他谈的问题，往往两三句，只点题，思索的柴扉就顿开了。

我曾以为永远听不到朱先生的讲课了，听不到他的谈话了。十年内乱期间不断听到有关他受难的消息。其实，这二三十年他就是在长久的逆境中熬过来的，遭难对他来说是正常的待遇，他的许多译著，如黑格尔《美学》三卷四册，这一国内其他学者难以替代的贡献，就是在他多次挨整、心绪不佳的情况下凭借顽强的意志完成的。如果说，中国几亿人，在这场十年浩劫中，几乎每一个家庭，每一个人都有不可弥补的损失，那对于我来说，一个难说很大但实在是不可弥补的损失，就是我研究生期间记录杨晦导师、朱光潜老师辅导谈话的一册厚厚的笔记本被北大专案组作为“罪证”拿走，丢失了。好在我的大脑活动正常，我常常在心里亲切地回想起朱先生当年所说的一切。

1980年，由于一个非常偶然的机会，使我和朱先生有了较多的接触。这种接触比听他的课、听他的辅导，比师生之间的交谈更为亲切透彻。作为一位老师，他的说话语气再随和，在课堂上，在辅导时，总还带有某种严肃性。二十年前我们在他的书房里听他两三个小时的谈话，他连一杯茶水也不会想起喝，当然也不会想起问他的学生是否口渴。现在，当我在客厅沙发上刚坐下，他就会微笑着问我：“喝点酒消消疲劳吧？中国白酒，外国白兰地、威士忌都有，一起喝点！”我们的谈话就常常这样开始，就这样进行，就这样结束。他喝了一辈子的酒，酒与他形影不离。他常开玩笑说：“酒是我一生最长久的伴侣，一天也离不开它。”我常觉得他写字时那颤抖的手是为酒的神魔所驱使。酒菜很简单，常是一碟水煮的五香花生米，他说：“你什么时候见我不提喝酒，也就快回老家了。”在他逝世前，有一段时间医生禁止他抽烟、喝酒。我问他想不想酒，他坐在沙发上闭上眼睛摇摇头。有年冬天我见他又含上烟斗了，我问他想不想喝酒，他睁大眼睛说：“春天吧，不是和叶圣老早约好了吗？”

我记得我1980年再一次见到朱先生，并不是在他的客厅里，朱师母说朱先生刚去校园散步了。我按照他惯走的路线在临湖轩那条竹丛摇曳的小路上赶上了他。朱先生几十年来养成了散步的习惯，清晨和下午，一天两次，风雨无阻，先是散步，后来增加打太极拳。我叫他：“朱老师！”他从遥远的回忆中回转头来，定了定神，高兴地说：“你怎么这么快就来了？”

夕阳将周围涂上了一片金黄。他说：“安徽人民出版社要我出一本书，家乡出版社不好推却，但我现在手头上正在翻译《新科学》，一时又写不出什么，只好炒冷饭，答应编一本有关文学和美学欣赏的短文章

朱光潜和作者在北大未名湖畔 （1981年）

选本。这类文章我写过不少，有些收过集子，有些还散见在报刊上。也许这本书青年人会爱读的。前几天出版社来人谈妥此事，我想请你帮忙，替我编选一下。”我说：“您别分神，这事我能干，就怕做不好。”他说：“相信你能做好，有些具体想法再和你细谈。走，回家去。”在路上，他仔细问我的生活起居，当听说我晚上常失眠，吃安眠药，他批评说，文人的生活一定要有规律，早睡早起，千万别养成开夜车的习惯。下半夜写作很伤神！他说写作重要的是能做到每天坚持，哪怕一天写一千字，几百字，一年下来几十万字，就很可观了，一辈子至少留下几百万字，也就对得起历史了。他说起北大好几位教授不注意身体，五十一过就写不了东西，开不了课。这很可惜。他说，写作最怕养成一种惰性，有些人开笔展露了才华，后来懒了，笔头疏了，眼高手低，越来越写不出。脑子这东西越用越活，笔头也是越写越灵，这是他几十年的一点体会。五十多年前他写《给青年的十二封信》、《谈美》，很顺手，一气呵成，自己也满意。最近写《谈美书简》，问题思考得可能要成熟些，但文章的气势远不如以前了。这二三十年他很少写这种轻松活泼的文章。他开玩笑地说，写轻松活泼的文章，作者自己的心情也要轻松愉快呵！在希腊、罗马和中国春秋战国时代，政治和学术空气自由，所以才涌现出了那么多的大思想家、大哲学家、大文学家，文风也锋利，自如活泼。朱先生的这番谈话使我想起，1978年《文艺报》复刊时，我曾请他对复刊的《文艺报》提点希望，他在两三百字的稿子中，主要谈了评论、理论要真正做到百家争鸣，以理服人，平等讨论，不要轻率做结论。他说：“学术繁荣必须要有这种生动活泼、心情舒畅的局面。”

我谛听朱先生的多次谈话，强烈地感到他的真知灼见是在极其坦率的形式下流露出来的。他把刚写的一份《自传》的原稿给我看。这是一本作家小传的编者请他写的。我一边看，他顺手点起了烟斗。他备了好几个烟斗，楼上书房，楼下客厅里随处放着，他想抽烟就能顺手摸到。朱先生平日生活自理能力极差，而多备烟斗这个细节，却反映了他洒脱

朱光潜在寓所门前（1981 年）

马虎之中也有精细之处。他想抽烟，就能摸到烟斗，比他随身带烟斗，或上下楼去取烟斗要节省时间。

我看完《自传》没有说话，他先说了："这篇如你觉得可以就收进《艺文杂谈》里，让读者了解我。"这是一篇真实的自传，我觉得原稿中有些自我批评的谦辞过了，便建议有几处要加以删改。他想了一会，勉强同意，"不过，"他说，"我这人一生值得批判的地方太多，学术上的观点也常引起争论和批评，有些批评确实给了我帮助。一个人的缺点是客观存在，自己不说，生前别人客气，死后还是要被人说的。自传就要如实地写。"时下人们写回忆录、写悼念文章、写自传成风，我阅读到的溢美的多，像朱先生这样恳切地暴露自己弱点的实在鲜见。我钦佩他正直的为人，难怪冰心听到他逝世消息时脱口说出他是位真正的学者。最近作家出版社约我编《十年（1976—1986）散文选》，我特意选了朱先生这篇《自传》。读着他这篇优美的散文，我看到了，也愿意更多的朋友看到他瘦小身躯里鼓荡着的宽阔的胸怀。

在我的记忆里，朱先生的闲谈从来是温和的、缓慢的、有停顿的。但有一次，说到争鸣的态度时，他先平静地说到批评需要有平等的态度，不是人为的语气上的所谓平等，重要的是正确理解对方的意思，在需要争论的地方开展正常的讨论。说着说着，他突然有点激动地谈起自己一篇文章被争鸣的例子。他有篇文章发表了对马克思主义关于上层建筑与经济基础关系论述的一些理解。他说之所以提出这个问题，就是为了引起更多人的研究，他期待有认真的不同意他观点的文章发表。他说后来读到一篇批评文章很使他失望。这篇文章并没有说清多少他的意见为什么不对、应该如何理解，主要的论据是说关于这个问题某个某个权威早就这样那样说过了。朱先生说，这样方式的论争，别人就很难再说话了。过去许多本来可以自由讨论的学术问题、理论问题用这种方式批评，结果变成了政治问题。朱先生希望中青年理论家要敏锐地发现问题，敢于形成并发表自己的见解。

有次朱先生提出要我替他找一本浙江出版的《郁达夫诗词抄》。他说从广告上见到出版了这本书。恰巧不久我去杭州和郁达夫的家乡富阳，回来送他一本。他很高兴，说郁达夫的旧体诗词写得好，过去读过一些，想多读点。过后不久，有次我去，他主动告诉我这本书他已全读了，证实了他长久以来的一种印象：中国现代作家中，旧体诗词写得最好的是郁达夫。他说他有空想写一篇文章。我说给《文艺报》吧，他笑着说：肯定又要引火烧身。不是已有定论，某某、某某某的旧体诗词是典范吗？他说郁达夫可能没有别人伟大，但其旧体诗词确实比有的伟大作家的旧体诗词写得好，这有什么奇怪？他强调对人对作品的评价一切都要从实际出发，千万不要因人的地位而定。顺此他又谈到民初杰出的教育家李叔同，他认为李叔同在我国近代普及美育教育方面贡献很大，但一直没有得到充分的评价。他说李叔同后来成了弘一法师，当了和尚，但并不妨碍他曾经是一位了不起的音乐家、美术家、书法家。他说现在有些文学史评价某某人时总爱用“第一次”的字眼，有些真正称得上第一次，有些则因为编者无知而被误认为是第一次的。他说很需要有人多做些历史真实面貌的调查研究。我在《文汇月刊》发表了一篇《引进西方艺术的第一人——李叔同》，朱先生看后建议我为北大出版社的“美学丛书”写一本小册子，专门介绍李叔同在美学上的贡献。我答应试试。我还为此请教过叶圣老，他亦鼓励我完成这本书。朱先生这几年多次问起这件事。他说：“历史不该忘记任何一位不应被遗忘的人。”

朱先生虽然长期执教于高等学府，但他主张读书、研究不要脱离

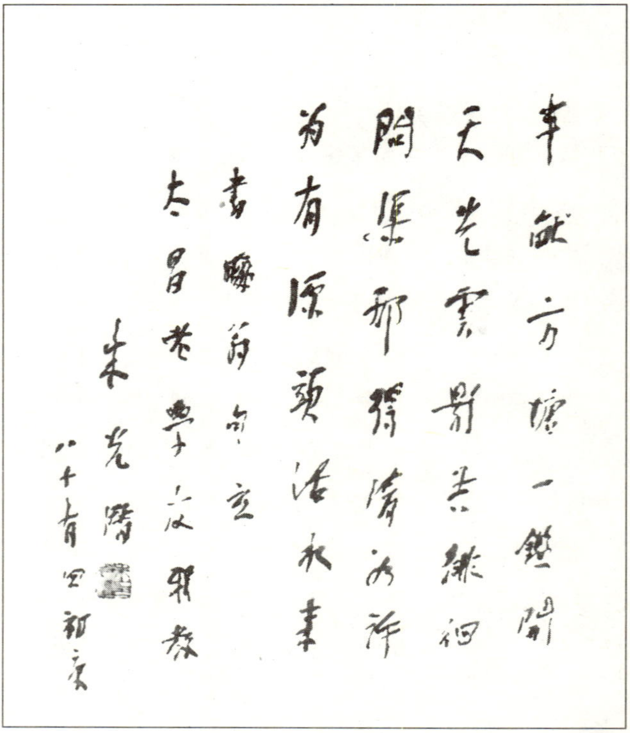

喜获朱光潜墨宝

活泼生动的实际。他很欣赏朱熹的一首诗："半亩方塘一鉴开，天光云影共徘徊。问渠哪得清如许，为有源头活水来。"他多次吟诵起这首诗。1981年我请朱先生为我写几句勉励的话，他录写的就是这首诗。他在递给我时说这首诗的末句写得好，意味无穷。有次他谈起读书的问题，他强调要活读书。他说现在出的书太多，连同过去出的，浩如烟海，一个人一生不干别的，光读书这一辈子也读不完。这里有个如何读和见效益的问题。他认为认真读书不等于死读书。要从自己的兴趣和研究范围出发，一般的书就一般浏览，重点的书或特别有价值的书就仔细读，解剖几本，基础就打牢了，二十多年前他曾建议我们至少将《柏拉图文艺对话集》读三遍。他举例说，黑格尔的《美学》是搞美学、文艺理论、评论的人必须钻研的一部名著。但三卷四册的读法也可以有区别，重头书里面还要抓重点，他说《美学》第3卷谈文学的部分就比其他部分更要下功夫读。搞文艺理论研究的人，必须对文学中某一样式有深入的了解和欣赏。他个人认为诗是最能体现文学特性的一种样式。他喜欢诗。他最早写的有关文学和美学欣赏的文字，多举诗词为例。新中国成立后，他为《中国青年》杂志写过一组赏析介绍中国古典诗词的文章。40年代他在北大讲授《诗论》，先印讲义后出书，影响很大，1984年三联书店又增订出版，他在"后记"中说："我在过去的写作中，自认为用功较多，比较有点独到见解的，还是这本《诗论》。我在这里试图用西方诗论来解释中国古典诗歌，用中国诗论来印证西方诗论；对中国诗的音律为什么后来走上律诗的道路，也作了探索分析。"他说我们研究文学可以以诗为突破口、为重点，也可以以小说、戏剧为重点。总之，必须对文学某一样式有较全面、历史的把握。否则，写文艺理论、文艺评论文章容易流于空泛。

这几年，每次看望朱先生，他都要谈起翻译维柯《新科学》的事。这是他晚年从事的一项浩繁的工程。他似乎认定，这部书非译不可，非由他来译不可。他毫无怨言地付出了晚年本来就不旺盛的精力。他是扑在《新科学》的封面上辞世的。他对启蒙运动时期重要的美学代表人物维柯评价甚高，早在《西方美学史》中就辟有专章介绍。他在八十三岁高龄时，动手翻译这部近四十万字的巨著。起先每天译一两千字，后因病情不断，每天只能译几百字，前后共三年。他考虑这部书涉及的知识既广又深，怕一般读者阅读困难，决定编写一份注释，待再版时附在书末。家人和朋友都劝他，这件事先放一放，或者委托给年轻得力的助手去做，他现在迫切需要的是休息，精力好了，抓紧写些最需要他写的文章。他考虑过这个意见，最后还是坚持亲自编写。他说，换人接手，困难更多，不如累我一个人。有次在病中，他说希望尽快从《新科学》中解脱出来。他想去家乡有条件疗养休息的中等城市埋名隐姓，安静地住一段。但是，对事业的挚爱已系住了他的魂魄。在他最需要静静休息的时刻，他又在不安静地工作。他逝世前三天，趁人不备，艰难地顺楼梯向二楼书房爬去，家人发现后急忙赶去搀扶，他喃喃着说："要赶在见上帝前把《新科学》注释编写完。"他在和生命抢时间。他在1981年9月10日写给我的信中说："现在仍续译维柯的《自传》，大约两三万字，不久即可付钞。接着想就将《新科学》的第一个草稿仔细校改一遍，设法解决原来搁下的一些疑难处，年老事多，工作效率极低，如明年能定稿，那就算是好事了。"花了整整三年，终于定稿了，是件叫人高兴的大事。我见过该书的原稿，满眼晃动的是密密麻麻、歪歪斜斜的字迹。

朱先生做事的认真，在一些本来可以不惊动他的杂事上也表现出来。这几年，他在悉心翻译《新科学》的同时，又为《大百科全书·外国文学卷》审稿。我在替他编选《艺文杂谈》时遇到的一些问题，他都一一及时口头或作书面答复。入集的文章，不管是旧作还是新作，他都重新看过，大到标题的另拟，小到印刷误排的改正，他都一丝不苟地去做。他1948年写过《游仙诗》一文，刊在他主编的《文学杂志》第3卷第4期上。他说这篇文章提出了一些见解，叫我有时间可以一读，同时又说写得较匆忙，材料引用有不确之处，他趁这次入集的机会，修改了一番。标题改为《楚辞和游仙诗》，删去了开头的一大段。他怕引诗有误，嘱我用新版本再核对一次。我在北大图书馆旧期刊里发现了一些连他本人也一时想不起来的文章，他每篇都看，有几篇他觉得意思浅，不同意再收入集子。他说，有些文章发表了，不一定有价值再扩大流传，纸张紧，还是多印些好文章。朱先生很讨厌盲目吹捧，包括别人对他的盲目吹捧。他希望读到有分析哪怕有尖锐批评的文章。香港《新晚报》曾发表曾澍基先生的《新美学掠影》一文，我看到了将剪报寄给朱先生看，不久他回信说该文“有见地，不是一味捧场，我觉得写得好”。他常谈到美学界出现的新人，说他们的文章有思想，有锋芒，有文采，他现在是写不出的。他感叹岁月无情，人老了，思维也渐渐迟钝了，文笔也渐渐滞板了，他说不承认这个事实是不行的。

朱先生的记忆力在去世前一两年明显有衰退。有几件小事弄得他自己啼笑皆非。有次他送书给画家黄苗子和郁风。分别给每人签名送一本。郁风开玩笑叫我捎信去：一本签两人名就行了。朱先生说原来晓得他们是一对，后来有点记不准，怕弄错了，不如每人送一本。过

朱光潜刚从医院回到家中，不到半年他就走了（1985 年 11 月 18 日，右为作者）

了一阵，他又出了一本书，还是给黄苗子、郁风每人一本，我又提醒他，他笑着说："我忘了郁风是和黄苗子还是和黄永玉……拿不准，所以干脆一人一本。"小事上他闹出的笑话不止这一桩。但奇怪的是，谈起学问来，他的记忆力却不坏。许多事，只要稍稍提醒，就会想起，回答清楚。1983年秋天，他在楼前散步，躲地震时临时搭起的那间小木屋还没有拆除，他看看花草，又看看这间小屋，突然问我：最近忙不忙？我一时摸不清他的意思，没有回答。他说如果你有时间，我们合作搞一个长篇对话。你提一百个问题，我有空就回答，对着录音机讲，你整理出来我抽空再改定。我说安排一下可以，但不知问题如何提？他说，可以从他过去的文章里发掘出一批题目，再考虑一些有关美学、文艺欣赏、诗歌、文体等方面的问题。每个问题所谈可长可短，平均两千字一篇。他当场谈起上海同济大学陈从周教授写的有关园林艺术的专著，很有价值。他说，从园林艺术研究美学是一个角度。外国有两部美学辞典，关于"美"的条目就列举了中国圆明园艺术的例子。他答应空些时翻译出来给我看。那天，我还问起朱先生为什么写文艺评论，为什么随笔喜欢用对话体和书信体。他说你这不就提了两个问题，你再提九十八个题目便成了。他又说，你还问过我，亚里士多德的《诗学》和柏拉图的《文艺对话录》对后来的文艺发展究竟哪个的影响大？这又是一个题目。他在一篇文章中说《红楼梦》是散文名篇，有人认为"散文名篇"应改为"著名小说"，他不同意，为什么？这里涉及中国古代散文的概念问题。他笑着说：题目不少，你好好清理一下，联系实际，想些新鲜活泼有趣的题目。我们约好冬天开始，我一周去一次。后来由于他翻译维柯《新科学》没有间歇，我又忙于本职编辑工作，出一趟城也不容易，就这样一拖再拖，终于告吹。朱师母说，朱先生生前有两个未了的心愿，一是未见到《新科学》出书，一是未能践约春天去看望老友叶圣陶、沈从文。我想，这个闲谈记录未能实现，也该是朱先生又一桩未了的心愿吧！

挚友朱自清

1980年夏，有次去看望朱光潜先生，他兴奋地告我，最近在清理旧稿信件时，发现保存下来的朱自清在抗战时期写给他的一封信。他说佩弦（朱自清）先生给他的信不少，但几经波折能幸运留存下来一封真不容易。他希望《文艺报》能发表一下。当场他将信给我看了。他说，佩弦的这封信有实际内容，不是一般的应酬信，因为他最近手头事多，如发表，最好请一位了解该信内容的人写篇导读的短文。

我向主持《文艺报》编辑部工作的副主编唐因汇报了此事，他说很好，《文艺报》需要这方面的稿子，叫我物色一位合适的人来写。我考虑了一下，建议请叶至善写。唐因认为合适，叫我尽快去办一下。

不久，叶至善约我一起去看望朱先生。恰巧约定的那天我有会，我告诉他去时一定要看看朱自清先生给朱光潜先生的一封信，如他愿意，请他写篇阅读这封信的说明，他说看了信后再定。

朱自清给朱光潜的这封信，信末只注了“廿六日”。我在1980年12月22日的日记中记载，叶圣陶先生明确地说该信是“1941年10月26日”写的，“孟实那时在四川乐山武汉大学任教”。

1981年第1期《文艺报》刊登了朱自清给朱光潜的这封信和叶至善写的“跋”。至善在给我稿子时说，在写“跋”过程中，为了弄清一些事实，他多次询问过他父亲叶圣陶。

朱自清的信

孟实兄:

在乐山承兄带着游乌尤大佛，又看了蛮洞龙泓寺。乌尤大佛固然久在梦想，但还不如蛮洞龙泓寺的意味厚。那晚又诸多打扰。旅行中得着这么一个好东道主人，真是不容易，感谢之至!

我们十六日过干柏树，据说是匪窠，幸而平安过去。十九日到宜宾，街市繁华不亚于春熙路。十八日早过干碓窝，滩势很险。听了船夫的号子颇担心，幸而十几分钟也就过去了。当日到纳溪县。第二天“赶黄鱼”上叙永。天下雨，车没到站因油尽打住。摸黑进城，走了十多里泥泞的石子路，相当狼狈。一住就是一礼拜，车子还没消息。亏得主人好，不觉得在作客。

兄批评《新理学》的文字，弟在船上已细看。除“势”那一个观念当时也有些怀疑是多余的以外，别的都是未曾见到的。读了兄的文字，真有豁然开朗之乐，佩服佩服。芝生兄回答似乎很费力(若我是他的话)，但我渴想看看他的答文。无论如何，他给我的信说兄指出的地方只是他措辞欠斟酌，似乎说得太轻易了。到这儿遇见李广田兄了，他也早想着兄这篇文字，我就给他看了。

叙永是个边城。永宁河曲折从城中流过，蜿蜒多姿态。河上有下上两桥。站在桥上看，似乎颇旷远；而山高水深，更有一种幽味。东城长街十多里，都用石板铺就，很宽阔，有气象，西城是马路，却石子像刀尖似的，一下雨，到处泥浆，两城都不好走。

我的主人很好客，住的地方也不错。第一晚到这儿，因为船上蜷曲久了，伸直了睡，舒服得很。那几天吃得过饱，一夜尽作些梦。梦境记不清楚，但可以当得“娱目畅怀”一语。第二天写成一诗，抄奉一粲。夫人和小姐已到否？并念。祝好!

石荪人楩二兄请致意。

弟自清顿首　二十六日

好梦再叠何字韵

山阴道上一宵过，菜圃羊蹄乱睡魔。弱岁情怀偕日丽，承平风物殢人多。鱼龙曼衍欢无极，觉梦悬殊事有科。但恨此宵难再得，劳生敢计醒如何。

叶至善在“跋”中说：

十月十一日，我去燕南园看望朱光潜先生。朱先生给我看朱自清先生给他的一封信，说是无意中保存下来的。信纸已经发黄，是四川夹江产的竹帘纸，字是娟秀的行书。署名下面只写日期，是二十六日，这是一九四一年的十月二十六日。

抗战时期，朱自清先生在昆明西南联大教书。从一九四〇年夏天起，他有一年的休假期，就带着家眷到成都，把家安顿在望江楼对岸的宋公桥。一九四一年暑假后，他休假期满，十月八日搭木船顺岷江而下，十七日（**原信作“十九日”，疑误**）过宜宾，折入长江，次日到纳溪，再走公路到叙永。在叙永耽搁了十天，才搭上去昆明的汽车。他给朱光潜先生的这封信，就是在叙永写的。

看了这封信，才知道朱自清先生在过乐山的时候耽搁了一天，探望了几位在武汉大学教书的老朋友，朱光潜先生、叶石荪先生和杨人楩先生。朱光潜先生还陪他游了乌尤寺、大佛寺（就是凌云寺），还有蛮洞和龙泓寺。所谓“蛮洞”，据说是汉代人凿在石壁上的墓穴，乐山附近的山上都有，有的刻些图案和人物，不知道他们那天游的是哪个蛮洞。龙泓寺是一个石窟寺，规模很小。记得只有一排洞子，大多一人高，每个洞子里坐着一尊菩萨，只有一个洞子比较大，人可以进去。当时湮没在野草灌木之间，不知道现在整理了没有。

朱自清先生这次走水路一定有许多打算，一路上可以欣赏风景，过乐山可以看望老朋友；旅费可节省许多，在那个年头，大学教授也都学会了打算；还有个原因，就是乘长途汽车太麻烦，太辛苦。公路局的汽车少，车票还有人垄断；买不到票只好出高价跟司机商量。司机私下让搭的乘客有个外号，叫“黄鱼”。信上说的“赶黄鱼”，就是这么回事。西南联大在叙永有个分校。朱先生说的那位好客的主人是李铁夫，有赠给李铁夫的几首诗。

当时，冯友兰（就是信上的“芝生兄”）的所谓“贞元三书”之一的《新理学》已经问世。朱光潜先生写了一篇批评《新理学》的文章，刊登在《思想与时代》上，信的第三段说的就是这回事。

至于《好梦》那首诗，朱自清先生后来写过一则小序：“九月日夕，自成都抵叙永，甫得就榻酣眠。迩日饱饫肥甘，积食致梦，达旦不绝。梦境不能悉忆，只觉游目骋怀耳。”这里的“九月”可能是阴历。

朱自清先生的信，我看到的只有这一封。文笔清新，自不消说，读来感到亲切。凡是收信人朱光潜先生想要知道的事情，他只用了不到八百字，一件一件都说清楚了。为收信人着想，体会收信人的心思，是写好一封信的关键，朱自清先生的这封信是个好例子。

一九八〇年十月

朱光潜和朱自清是友谊至深的老友。

1948 年 8 月 12 日朱自清先生在北平病逝，朱光潜当月连续写了两篇怀念老友的文章。朱光潜先生在我替他编选《艺文杂谈》时，主动提出他的《记朱佩弦先生》和《敬悼朱佩弦先生》两篇中，可选《敬悼朱佩弦先生》这篇。他在文中说：

在文艺界的朋友中，我认识最早而且得益也最多的要算佩弦先生。那还是民国十三年夏季，吴淞中国公学中学部因江浙战事停顿，我在上海闲着，夏丏尊先生邀我到上虞春晖中学去教英文。当时佩弦先生正在那里教国文。学校范围不大，大家朝夕相处，宛如一家人。佩弦和丏尊、子恺诸人都爱好文艺，常以所作相传视。我于无形中受了他们的影响，开始学习写作。我的第一篇处女作《无言之美》，就是在丏尊、佩弦两位先生鼓励之下写成的。他们认为我可以作说理文，就劝我走这一条路。这二十余年来我始终抱着这一条路走，如果有些微的成绩，就不能不归功于他们两位的诱导。[1]

佩弦先生逝世的当月，朱光潜抓紧在自己任主编的《文学杂志》组织了"朱自清先生纪念特辑"，请北大、清华、燕京等大学的一些教授、学者撰写文章，他们多是佩弦先生的同事或学生，写得很积极，"特辑"中朱自清先生的遗像、遗墨和信札，除家属提供的，不少是佩弦先生的朋友主动提供的。翻阅《文学杂志》第3卷第5期"朱自清先生纪念特辑"目录，有浦江清的《朱自清先生传略》、朱光潜的《敬悼朱佩弦先生》、冯友兰的《回忆朱佩弦先生与闻一多先生》、俞平伯的《忆白马湖宁波旧游》、川岛的《不应该死的又死了一个》、余冠英的《佩弦先生的性情嗜好和他的病》、李广田的《哀念朱佩弦先生》、马君玠的《挽歌辞》、杨振声的《为追悼朱自清先生讲到中国文学系》、林庚的《朱自清先生的诗》、王瑶的《邂逅斋说诗缀忆》；朱自清先生遗作有《犹贤博弈斋诗钞选录》、散文《关于〈月夜蝉声〉、〈沉默〉、〈松堂游记〉》，信札有《寄俞平伯》、《寄杨晦》。在1948年9月出版的《文学杂志》第3卷第4期上，编者将这个"纪念特辑"的目录作了醒目的预告。

朱光潜在主编《文学杂志》同时，1948年1月起又主编天津《民国日报》"文艺"副刊。"文艺"系周刊，周一版，半个版面。

[1]《朱光潜全集》第9卷，第487页。

朱自清先生遗像（因其刻，《文学杂志》第3卷第5期）

“文艺”副刊有个编委会，朱自清先生是编委成员之一。朱自清在1948年2月21日的日记中记载：“进城。访……从文等。至萃华楼参加《民国日报》的午餐会。”1948年5月17日：“上午读《民国日报》，下午开聘任委员会。”

“文艺”的固定作者阵容也可观，多为北平、天津一带的学者、教授，也有北方的青年作家，如胡适、沈从文、朱自清、俞平伯、废名、潘家洵、闻家驷、余冠英、常风、罗念生、程鹤西、林庚、袁可嘉、季羡林、汪曾祺、李瑛、马君玠、朱星、甘运衡、毕基初、冯健男等等。为纪念朱自清先生，“文艺”出了“追悼朱自清先生特刊”，刊有朱光潜的《记朱佩弦先生》、常风的《朱自清先生——作家、学者、教育家》、俞平伯的《佩弦兄挽辞》，还发表了少若的《〈诗言志辨〉——朱自清遗著》、萧望卿的《朱自清先生最近两年与文学》等纪念性的评论，评述朱自清对新文学的贡献，以及他的学术成就和完美人格。

朱光潜先生说，叶至善为朱自清这封信写的“跋”好，精确明白。他说书信也是值得关注的散文里的一个品种。

这期《文艺报》出来后，朱师母给我电话，说朱先生手头只有你们每期赠送他的一本，他想分送几位老朋友，到学校和海淀书店没买到，能不能再给或买几本。

我去送《文艺报》给朱先生那天下午，先生情绪甚好，他同我讲起他和朱自清先生的一些交往，此后多次，他又同我谈起过朱自清先生，他的所谈，多为我之前不知或知之不详的。

1983年，湖南人民出版社将朱自清的《欧游杂记》和《伦敦杂记》两书合一出版，书名为《欧游杂记》（外一种），系该出版社“现代中国人看世界”丛书一种，出版社约我在书的后面写了篇介绍性的短文：《朱自清的欧游二记》。书出来后，我去给朱光潜老师送一本，他笑着说他已有了，并问我怎么也喜欢佩弦先生的散文。他说，佩弦先生对新文学的贡献，除诗写得好，就算散文了。朱自清是现代散文一代大家，留下了不少名篇。他赞许朱自清散文的平淡质朴，至性至情，文字讲究。他说：

> 读过《背影》和《祭亡妻》那一类文章的人们，都会知道佩弦先生富于至性深情；可是这至性深情背后也隐藏着一种深沉的忧郁，压得他不能发扬踔厉。[1]

他还提到朱自清1929年写的《白马湖》，说有的段落他以前能背

[1]《朱光潜全集》第9卷，第489页。

下来：

> 白马湖的春日自然最好。山是青得要滴下来，水是满满的、软软的。小马路的两边，一株间一株地种着小桃与杨柳。小桃上各缀着几朵重瓣的红花，像夜空的疏星。杨柳在暖风里不住地摇曳。在这路上走着，时而听见锐而长的火车的笛声是别有风味的。在春天，不论是晴是雨，是月夜是黑夜，白马湖都好。——雨中田里菜花的颜色最早鲜艳；黑夜虽什么不见，但可静静地受用春天的力量。夏夜也有好处，有月时可以在湖里划小船，四面满是青霭。船上望别的村庄，像是蜃楼海市，浮在水上，迷离惝恍的；有时听见人声或犬吠，大有世外之感。若没有月呢，便在田野里看萤火，那萤火不是一星半点的，如你们在城中所见；那是成千成百的萤火。一片儿飞出来，像金线网似的，又像耍着许多火绳似的。只有一层使我愤恨。那里水田多，蚊子太多，而且几乎全闪闪烁烁是疟蚊子。我们一家都染了疟疾，至今三四年了，还有未断根的。蚊子多足以减少露坐夜谈或划船夜游的兴致，这未免是美中不足了。[1]

朱光潜1924年在白马湖与朱自清一同生活、工作过几个月，他有这种经历，读起来就格外亲切，浮想联翩。他甚至对我说，没有白马湖那秀丽的景色，没有那段与朱自清等友人宛如家人一起的相处，没有那种欢愉的环境和心境，他的《无言之美》是难以写出来的。朱光潜在《谈文学选本》文中说："选某一时代文学作品就无异于对那时代文学加以批评，也就无异于替它写一部历史，同时，这也无异于选者替自己写一部精神生活的自传，叙述他自己与所选所弃的作品曾经发生过的姻缘。"他说，如果我选一本朱自清的散文，肯定会将这篇《白马湖》收

[1]《朱自清全集》第4卷，江苏教育出版社1996年8月版，第285—286页。

上世纪 20 年代的朱自清，朱光潜与朱自清 1924 年在浙江春晖中学一起任教相识

进去。

朱先生多次谈起，从白马湖时代至朱自清去世的二十多年里，在思想、学术和友谊方面，他得到过朱自清先生许多切实的帮助、鼓励和温暖。

他着重谈到《文艺心理学》和《谈美》的写作。1931 年 8 月至 1932 年 5 月，朱自清在英国伦敦游学期间，仔细看了朱光潜的《文艺心理学》和《谈美》两部书的原稿，提了很多建设性的意见，《文艺心理学》"第六章《美感与联想》就是因为朱自清对于原稿不满意而改作的"。朱自清还替这两部书作了两篇序，称《文艺心理学》是一部"介绍西洋近代美学的书"，也是有作者特有的"主张"的书。他在《序》中说：

> 美学大约还得算是年轻的学问，给一般读者说法的书几乎没有；这可窘住了中国翻译介绍的人。据我所知，我们现在的几部关于艺术或美学的书，大抵以日文书为底本；往往薄得可怜，用语行

文又太将就原作，像是西洋人说中国话，总不能够让我们十二分听进去。再则这类书里，只有哲学的话头，很少心理的解释，不用说生理的。像“高头讲章”一般，美学差不多变成了丑学了。奇怪的是“美育代宗教说”提倡在十来年前，到如今才有这部头头是道，醰醰有味的谈美的书。……这部《文艺心理学》写来自具一种“美”，不是“高头讲章”，不是教科书，不是咬文嚼字或繁征博引的推理与考据；它步步引你入胜，断不会教你索然释手。[1]

《谈美》写于1932年，是继《给青年的十二封信》之后的“第十三封信”。作者自称该书是“通俗叙述”《文艺心理学》的“缩写本”。但朱自清并不这么看，他在《序》中说：《谈美》并非《文艺心理学》的“节略”，“它自成一个完整的有机体；有些处是那部大书（《文艺心理学》）所不详的；有些是那里面没有的。——‘人生的艺术化’一章是著名的例子；这是孟实先生自己最重要的理论。”当时美学观念模糊、美学理论贫弱、爱好文艺的青年常苦于无所适从的现状，朱自清说《谈美》“这部小书”：

便是帮助你走出这些迷路的。它让你将那些杂牌军队改编为正式军队；裁汰冗弱，补充械弹，所谓“兵在精而不在多”。其次指给你一些简截不绕弯的道路让你走上前去，不至于彷徨在大野里，也不至于彷徨在牛角尖里。其次它告诉你怎样在咱们的旧环境中应用新战术；它自然只能给你一两个例子看，让你可以举一反三。它矫正你的错误，针砭你的缺失，鼓励你走向前去。[2]

朱先生说，佩弦先生对他写作《文艺心理学》有多方面的帮助，他

[1]《朱光潜全集》第1卷，第522—523页。

[2]《朱光潜全集》第2卷，第99页。

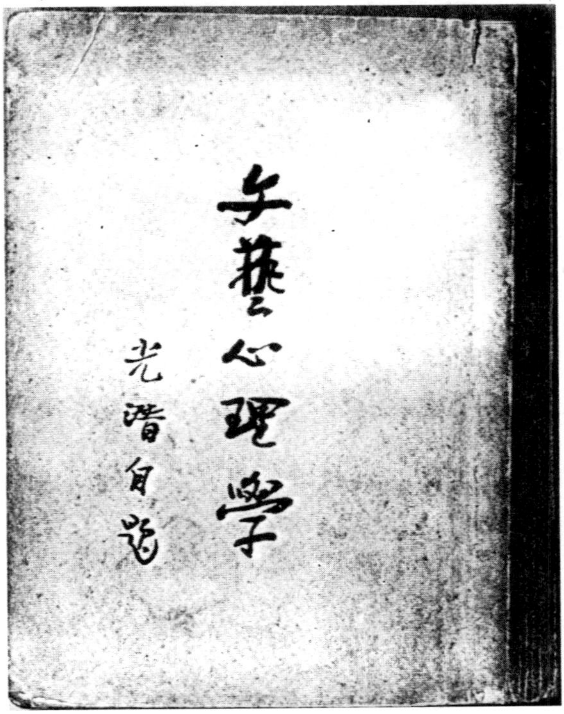

朱光潜《文艺心理学》封面（开明书店1947年8月版），朱自清作序

在初版“作者的自白”中说：

> 这部书的完成靠许多朋友的帮助。第一是朱佩弦先生，他在欧洲旅途匆忙中替我仔细看过原稿，做了序，还给我许多谨慎的批评。第六章《美感与联想》就是因为他对于原稿不满意而改作的。

朱先生说现在回想起来，也还有可以补充的。他曾对我讲，《文艺心理学》的内容主要是介绍西方美学流派的，为了便于国内的读者理解，他采用阐述名画、名诗词的方法加以印证。初稿列举名画、名诗，西方和中国的都有。佩弦先生想到书的读者主要是中国的读者，建议举例时更多地列举些中国名诗、名画。朱先生在修改定稿时，考虑过吸收过佩弦先生这个意见。朱光潜先生的这点“回想”，原来准备在《敬悼朱佩弦先生》一文收入《艺文杂谈》时补充进去，他想了下又说：这次不动，以后在合适的地方再写进去。

1933年朱光潜从欧洲留学回国，不久就任了北京大学教授，佩弦先生作为清华大学中文系主任，主动邀他去清华为中文系研究生讲授了近一年的《文艺心理学》。朱先生在法国留学时的老友徐悲鸿时任中央艺术学院院长，得知了朱先生在清华讲授的效果，也主动邀请他去中央艺术学院讲授《文艺心理学》，接着还有其他几所院校邀请他去授课。朱先生说与学生的直接交流，对修订出版《文艺心理学》多有受益。当时清华听朱先生讲文艺心理学的人除中文系的还有外语系的，北大吴组缃教授当年在清华研究院中文系研究班学习，1981年2月13日，他在家中对我说：“朱光潜也是我的老师，我听过他讲的‘文艺心理学’。”1986年，北大季羡林教授在《他实现了生命的价值——悼念朱光潜先生》文中追忆在清华听朱光潜先生讲授文艺心理学时的情景：

> 五十多年前，我在清华大学西洋文学系念书。我那时是二十岁上下。孟实先生是北京大学的教授，在清华大学兼课，年龄大概三十四五岁吧，他只教一门文艺心理学，实际上就是美学，这是一门选修课。我选了这一门课，认真地听了一年。当时我就感觉到，这一门课非同凡响，是我最满意的一门课，比那些英、美、法、德等国来的外籍教授所开的课好到不能比的程度。朱先生不是那种口若悬河的人，他的口才并不好，讲一口带安徽味的蓝青官话，听起来并不“美”。看来他不是一个演说家，讲课从来不看学生，两只眼向上翻，看的好像是天花板上或者窗户上的某一块地方。然而却没有废话，每一句话都清清楚楚。他介绍西方各国流行的文艺理论，有时候举一些中国旧诗词作例子，并不牵强附会，我们一听就懂。对那些古里古怪的理论，他确实能讲出一个道理来，我听起

来津津有味。我觉得，他是一个有学问的人，一个在学术上诚实的人，他不哗众取宠，他不用连自己都不懂的“洋玩意儿”去欺骗、吓唬年轻的中国学生。因此，在开课以后不久，我就爱上了这一门课，每周盼望上课，成为我的乐趣了。[1]

朱先生说佩弦先生治学严谨，但又虚心，给过他许多指教，也乐于听取他的一些意见和建议，相互平等切磋，多在私下交谈，偶尔也公开见诸文字。朱自清在《文学杂志》第1卷第2期发表了散文《房东太太》。朱光潜在该期“编辑后记”中说：“朱佩弦先生的《房东太太》是一篇‘画像’。他的风格朴质，清淡，简练，以亲切口吻道家常琐细，读之如见其人。”1940年夏，朱自清在重庆与魏建功、黎锦熙等六位国学名宿编写大学国文教材。《大学国文选目》出来后，朱光潜在1942年发表了《就部颁“大学国文选目”论大学国文教材》，表示了一点不同意见，认为“大学国文不是中国学术思想史，也还不能等于中国文学，它主要地是一种语文训练”，而《大学国文选目》中“就大体说，两汉以前的文章选得太多，唐宋以后的文章选得太少”，他主张“大学国文就应悬训练读和写作两种能力为标准”。认为“就大体说，姚姬传的《古文辞类纂》所示路径是很纯正而且便于初学的”。佩弦先生看了朱光潜先生的这点“微词”，写了《论大学国文选目》公开作答，表示了多方面的不同意见。他在文中说：

朱先生说：“大学国文不是中国学术思想，也还不能算是中国文学，它主要的是一种语文训练。”这句话代表大部分人对于大一国文的意见。作者却以为大学国文不但是一种语文训练，而且是一种文化训练。朱先生希望大学生的写作能够“辞明理达，文从字顺”；

[1] 原载1986年3月14日《文汇报》。

"文从字顺"是语文训练的事,"辞明理达",便是文化训练的事。这似乎只将朱先生所谓语文训练分成两方面看,并无大不同处。但从此引申,我们的见解就颇为差异,所谓文化训练就是使学生对于物,对于我,对于今,更能明达,也就是朱先生所谓"深一层"的"立本"。这自然不是国文一科目的责任,但国文也该分担起这个责任。[1]

关于"选本"是重今还是重古,朱自清说:

朱先生主张多选近代文,以为"时代愈近,生活状况和思想形态愈与我们相同,愈易了解,也愈易引起兴趣"。据作者十余年担任大一国文的经验,这句话并不尽然。一般学生根本就不愿读古文;凡是古文,他们觉得隔着他们老远的,周秦如此,唐宋明清也一样。其中原因现在无暇讨论。作者曾见过抗战前国立山东大学的国文选目,入选的多是历代抗敌的文字,据说学生颇感兴趣。但这办法似乎太偏窄,而且其中文学古典太少。[2]

朱先生还谈起一个例子,他在1948年写的《朱佩弦先生的〈诗言志辨〉》中说:

前两年我写过一篇《陶渊明》就正于他,他回信说在大体上赞同我的看法,但是在一些枝节问题上他的结论不同,希望将来有机会详细说出,可是至今没有说出而就长辞人世了。这只是一个事例,他的像这样留着没有说出的话还不知凡几。[3]

[1]《朱自清全集》第2卷,第18页。
[2]《朱自清全集》第2卷,第21—22页。
[3]《朱光潜全集》第9卷,第493页。

《文学杂志》主编是朱光潜，朱先生说："实际上朱自清和沈从文、杨金甫（杨振声）、冯君培（冯至）诸人撑持的力量最多。"朱光潜在《文学杂志》创办和复刊过程中同佩弦先生商谈过多次，或面谈或书信，佩弦先生不仅自己赐稿，也推举他人的稿件，为办好刊物出了不少主意，一起商定了不少事。1997 年江苏教育出版社出版的《朱自清全集》第 9 卷、第 10 卷中所收的不甚齐全的日记中留存了一些记载。如，1937 年 1 月 26 日："中午在朱光潜家午膳，商谈《文学月刊》事，朱提议常风任助理之职，余赞成之。"同年 4 月 11 日："朱先生来访并约写文章。"1946 年冬，朱光潜从四川回到北京大学，酝酿《文学杂志》复刊，1947 年 3 月 14 日："参加《文学月刊》宴会。"1947 年 6 月《文学

朱自清先生紀念特輯

朱光潜主编的《文学杂志》第 3 卷第 5 期《朱自清先生纪念特辑》目录

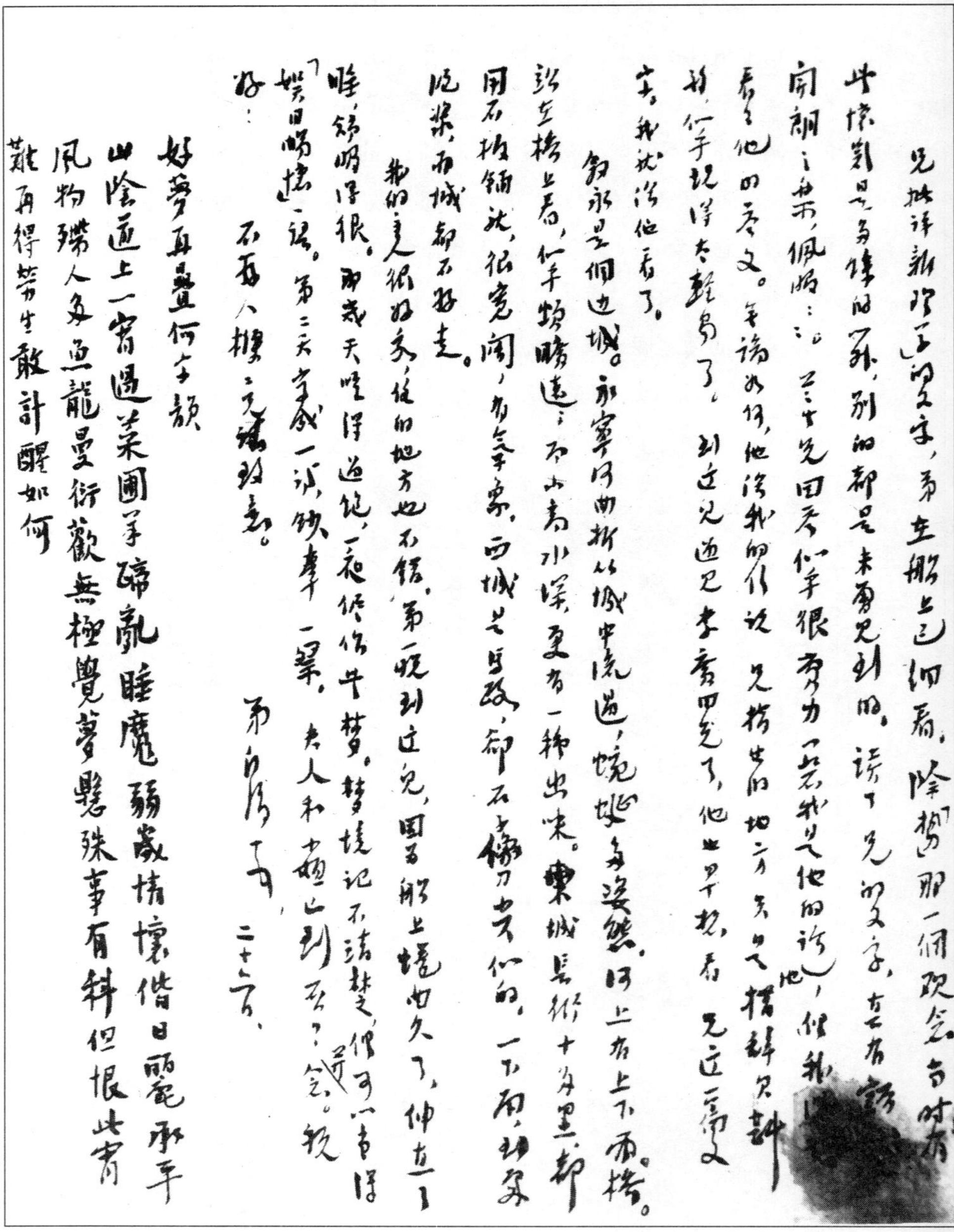

朱自清致朱光潜信手迹（1941 年 10 月 26 日）

孟实兄：

在乐山时兄带着游乌尤大佛，又看了[illegible]洞龙泓寺。乌尤大佛闻名已久，在梦想，但还不如龙泓寺的意味厚。那晚又谈了打扰。旅行中得着这么一个好东道主人，真是不容易，感谢之至！

我们十六日过乾柏树，据说是匪窠，中午平安过去。十九日到宜宾，街市热闹华丽不亚于春熙路。十八日早过乾碓窝，山势很险。听了船夫的讲子，的把心吊起，十分钟后就过了。当日到纳溪县。第二天赶黄五上午到叙永。天下雨，车没到站，因[illegible]打住。摸黑进城，走了十多里泥泞的石子路，相当狼狈。一住就是一礼拜，车不通没消息。离得主人好，不觉得其他苦。

兄抄评「翻译」的文字，弟在船上已细看。除「踏」那一个观念有时有些像刘易生的外，别的都是未看见到的。读了兄的文字，才知有[illegible]间胡二先生佩服之至。[illegible]兄回答似乎很有力，[illegible]（[illegible]他的话），但我[illegible]看了他的原文。无论如何，他说我们作[illegible] 兄指出的地方[illegible]好，似乎说得太轻易了。 到这儿过季看四先了，他也早想看 兄这一篇文字，我就给他看了。

杂志》复刊至1948年11月停刊，这期间，朱光潜与朱自清先生在北京的往来较多，朱光潜说“在北平文艺界朋友聚会讨论，有他就必有我”。除见面外，书信也频繁。如1947年2月4日：“孟实来访。”同年4月20日：“复孟实信。”9月11日：“复孟实信。”12月13日：“归家后访树棠，孟实和从文，疲倦。”1948年1月17日：“复孟实信。”同年2月9日：“复孟实信。”3月15日：“复平伯、孟实、从文信。”3月26日：“复孟实信。”4月20日：“复孟实信。”4月10日：“复孟实信。”7月23日，也就是朱自清8月12日逝世前夕还“复孟实信”。

朱先生在谈起《文学杂志》的刊名时说，最早酝酿时，梁思成先生曾建议过叫“大都”，表明是在北平办的，后来又准备叫《文学月刊》，刊物快付梓时，商务印书馆考虑要有别于他们过去出的《小说月报》，刊名可以再考虑，他和沈从文意思不妨改叫“文学杂志”，他为此事特地去征询了佩弦先生的意见，佩弦同意，就这样定了下来。

朱先生还对我谈起过与朱自清有关的两件小事。

朱光潜在1948年9月4日《民国日报》“文艺”副刊上，发表了《朱自清先生遗诗·怀平伯》。诗云：

思君直溯论交始，明圣湖边两少年。
刻意作诗新律吕，随时结伴小游仙。
桨声打彻秦淮水，浪影看浮瀛海船。
等是分襟今昔异，念家山破梦成烟。

延誉凭君列上庠，古槐书屋久彷徉。
斜阳远巷人踪少，夜语昏镫意絮长。
西郭移居邻有德，南园共食水相忘。
平生爱我君为最，不止津梁百一方。

忽看烽燧漫天开，如鲫群贤南渡来。
亲老一身娱定省，庭空三径掩莓苔。
终年兀兀仍孤诣，举世茫茫有百哀。
引领朔风知劲草，何当执手话沉灰。

不熟悉朱自清与俞平伯先生关系的人，难以读懂这首诗，朱光潜在发表这首诗时专门写了一段话：

> 朱佩弦先生在抗战期间写了不少旧诗，这篇诗是在昆明寄怀俞平伯先生的，我们得到平伯先生的同意借钞了在本刊发表。佩弦先生与平伯交谊最笃，三十年如一日，他们两位虽然同时在北大读书，同时为《新青年》和《新潮》写稿，在学生时代却无甚往来，直到毕业之后在杭州才熟识结了友谊。十四年胡适之先生介绍平伯先生到清华教书，平伯先生转介绍了佩弦先生，此诗第二首第一句即指出。古槐书屋是平伯先生家北平老君堂七十九号的书房，佩弦先生进城每下榻于此。大约是十九年平伯先生改就清华专任教授之聘，移居清华大学南院教员住宅，第二首南园即指南院，平伯先生文章中常说起的秋荔亭即在此。“七七事变”后佩弦先生偕眷属南行，平伯先生因亲老滞留北平，故第三首如是云云。

朱先生对我说，这个“跋”留下了一点真实的史料，你喜欢写艺文轶话，不妨找来一读。这个“轶话”我尚未写，倒被叶至善派上了用场。至善为《文艺报》写了朱自清致朱光潜的信后，又连续写了俞平伯致叶圣陶的信、叶圣陶致夏丏尊的信。俞平伯致叶圣陶的信写于 1948 年 8 月 27 日，信的内容涉及朱自清的逝世，也涉及朱光潜悼念朱自清文章事。叶圣陶与俞平伯关系亲密，但叶圣陶其时不在北平，叶至善除了询问父亲，还得从朱光潜先生那里了解一些有关的情况。俞先生在信中云：“附

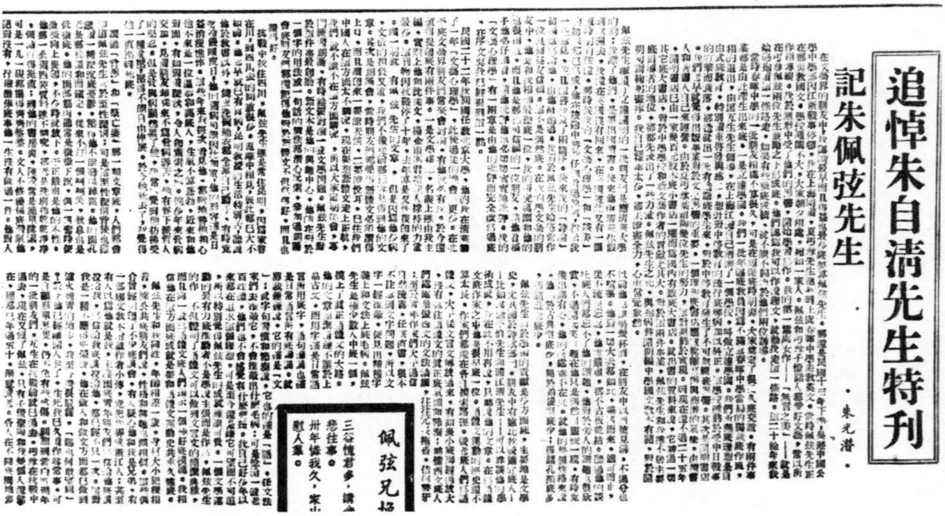
追悼朱自清先生特刊

記朱佩弦先生

朱光潛

朱光潜《记朱佩弦先生》一文书影

去《民国日报》一纸，朱、常二文尚不劣，弟之挽联极难措词，说此则必漏彼，故只可如此，望兄评之。来索稿者纷纷，以情怀伊郁，记忆迷茫，实无法应付。然亦写了两文，一付《中建》北平版第4期，一付商务之《文学月刊》。迟日谅可次第尘览，仍请教之。”俞先生信中说的他为《民国日报》写的挽联和给《文学月刊》(即《文学杂志》)的文章，都是朱光潜先生约的并经手发出的。我将在编选《艺文杂谈》时复印的资料提供给至善写“跋”时参考。至善对我说，俞先生信中说朱光潜先生《记朱佩弦先生》一文“不劣”，这个评价很不错了，俞先生是绝少轩轾别人文章的。

有次朱先生告诉我，北大1920年前后的文科毕业生中出了几位有名的教授，一个朱自清，学哲学的；一个俞平伯，学中文的；一个杨晦，学哲学的，你的研究生导师。他颇有点神秘地告诉我，1948年3月，北平学术界、文艺界庆贺杨晦五十寿辰，朱自清给杨晦写过一封贺信，在会上宣读了，杨晦很高兴，短信写得真切感人，对杨晦的个性和为文的成就有中肯的评价，可见佩弦先生重同窗之情，那时佩弦胃病加剧，拿到他的稿子不像以前那么容易，我将信抄录了下来并征得他的同意，《文学杂志》准备在适当时候刊出。朱自清的信是这样写的：

慧修学兄大鉴：

这是您的一个同班老同学在给您写信，庆祝您的五十寿辰，庆祝您的创作和批评的成绩，庆祝您的进步！

我知道“杨晦”就是我的同班同学您，远在您成名之后，大概是抗战前的三四年罢，记不清是谁和我说的了。那时我很高兴，高兴的是同班里有了您，您这位同道的人！可惜的是自从毕业就没有见过面，也没有通过信——就是在我的大发现，发现您是我的同班，或我是您的同班之后！但是我直到现在还清清楚楚的记得您的脸，您的小坎肩儿，和您的沉默！

我喜欢您的创作，恬静而深刻，喜欢您的批评，明确而精细，早就想向您表示我的欣慰和敬佩，又可惜没有找到一个适宜的机会动笔。今天广田兄告诉我，说是您的五十寿辰，我真高兴，我能以赶上给您写这封祝寿的信！

敬祝

长寿多福！

弟朱自清，卅七年三月十九日北平清华园[1]

《文学杂志》正在安排版面刊出这封信时，佩弦先生过世，于是朱光潜先生决定将它移后，放在“纪念朱自清先生特辑”中。

朱先生有次笑眯眯地说，不少朋友说我和佩弦先生有些地方相像。他在《敬悼朱佩弦先生》中说：

[1] 原载《文学杂志》第3卷，第5期。

> 佩弦先生和我同姓，年龄相差一岁，身材大小肥瘦相若，据公共的朋友们说，性格和兴趣也颇相似。这些偶合曾经引起了不少的误会，有人疑心他和我是兄弟，有一部国文教本附载作者小传，竟把我弄成浙江人；甚至有人以为他就是我，未谋面的青年朋友们写信给他误投给我，写信给我的误投给他，都已经不只一次。这对我是一种不应得的荣誉……

光潜先生不止一次地说：佩弦先生在治学和做人方面，值得他永远学习，活着的人真该多做一点事情，他吧吧地吸着烟斗，沉浸在回忆中，沉默了一会，他说佩弦先生走得过早了。

《文学杂志》的编者和作者

朱光潜先生1933年从欧洲学成回国，即在北大执教，除教授学生外，他在文学活动中最热心做的一件事，就是1937年5月起出任商务印书馆出版的《文学杂志》主编。

商务印书馆出版的《小说月报》在当年是一份有二十二年历史、影响广泛的重要文学期刊。从1921年起，由茅盾（沈雁冰）主编，两年后由郑振铎接任主编，1927年5月至1928年10月，郑旅欧期间，由叶圣陶（叶绍钧）代为主编，1930年底，郑振铎、叶圣陶相继脱离商务印书馆后，由徐调孚任编辑，直至1932年1月因淞沪战事而停刊。商务印书馆想用《文学杂志》来接替停办数年的《小说月报》，该馆在宣传《文学杂志》创刊的介绍词中说：

> 本馆在“一·二八”前所刊行的《小说月报》，已有二十多年悠久的历史，向来被认为专载文艺的唯一刊物，民十革新后，又成为传播新文艺作品的有力的机关，自“一·二八”停刊到现在五年多时间内，屡得爱好文艺的读者来信，要求我们复刊。本馆为适应读者需要计，遂决意来编印一种文艺刊物，定名《文学杂志》，不再袭用《小说月报》的旧名。
>
> 《文学杂志》的内容包含着诗、小说、戏剧、散文各体的创作，

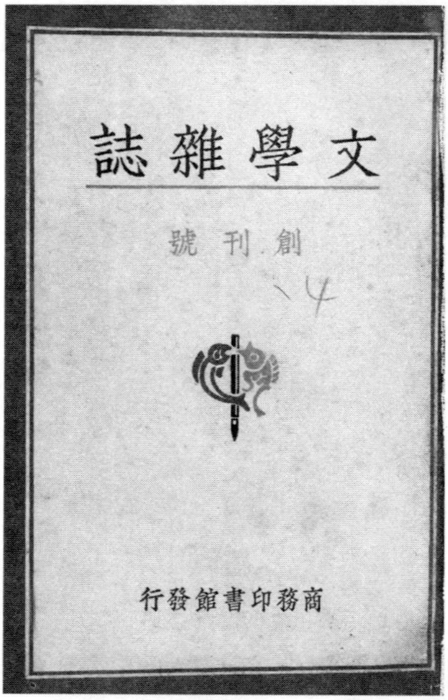

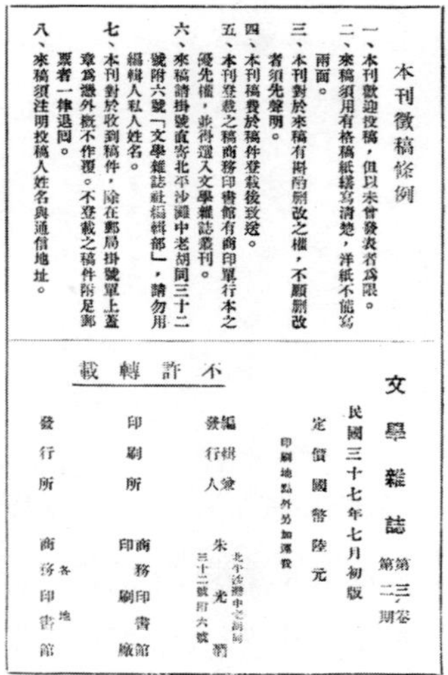

本刊徵稿條例

一、本刊歡迎投稿，但以未曾發表者爲限。
二、來稿須用有格稿紙繕寫清楚，洋紙不能寫兩面。
三、本刊對於來稿有斟酌刪改之權，不願刪改者須先聲明。
四、本刊稿費於稿件登載後致送。
五、本刊登載之稿商務印書館有商印單行本之優先權，並得選入文學雜誌叢刊。
六、來稿請掛號直寄北平沙灘中老胡同三十二號附六號「文學雜誌社編輯部」，請勿用編輯人私人姓名。
七、本刊對於收到稿件，除在郵局掛號單上蓋章爲證外概不作覆。不登載之稿件附足郵票者一律退回。
八、來稿須注明投稿人姓名與通信地址。

文學雜誌 第三卷第二期

民國三十七年七月初版

定價國幣陸元

印刷地點外另加郵費

不許轉載

編輯兼發行人 朱光潛 北平沙灘中老胡同三十二號附六號

印刷所 商務印書館印刷廠

發行所 商務印書館 各地

朱光潜主编的《文学杂志》，1937 年 5 月在北平创刊　《文学杂志》封底版权页上编辑兼发行人署朱光潜

以及论文书评。论文不仅限于文学，有时也涉及文化思想问题。主编者是文艺界极负时誉的朱光潜先生，特约撰稿的，也都是文坛上成名的作家……[1]

《文学杂志》是一份月刊，1937 年 5 月 1 日创刊，至 8 月出了四期，因爆发全面抗战而终止。1947 年 6 月复刊，仍是月刊，从第 2 卷起。1948 年 11 月第 3 卷第 6 期出版后，奉国民党政府“节约纸张的命令”停刊。《文学杂志》共出版了二十二期。

我看到《文学杂志》是很晚的事了。1980 年至 1981 年，我为朱先生编选《艺文杂谈》，他提示我去看一下《文学杂志》，帮助查找他发表

[1] 原载《宇宙风》第 43 期，1937 年 6 月 16 日出版。

在这份杂志上的一些文章。由于朱先生这份杂志保存得不全，我只好去北大图书馆旧期刊室翻阅。除查找到并复印了朱先生的文章，见每期目录上的作者中有不少是我熟悉或知道的，因此我也将其他有关资料复印下来。杂志封底版权页上署“编辑兼发行人”是朱光潜，我几次请朱先生谈谈这份杂志的一些情况，他说等以后有空时再说。这“以后”就成了永远的“以后”。

朱光潜在1948年8月23日发表的《敬悼朱佩弦先生》文中说：

> 《文学杂志》，名义上虽由我主编，实际上他和沈从文、杨金甫（即杨振声）、冯君培（即冯至）诸人撑持的力量最多。这刊物因抗战停了十年，去年算是又恢复起来了。头一期就有佩弦先生的文章……[1]

朱光潜在1980年写的《自传》中具体地谈到《文学杂志》的创办经过：

> 当时正逢“京派”和“海派”的对垒，“京派”大半是文艺界旧知识分子，“海派”主要指左联。我由胡适约到北大，自然就成了京派人物。京派在“新月”时期最盛，自从诗人徐志摩死于飞机失事之后，就日渐衰落。胡适和杨振声等人想使“京派”再振作一下，就组织一个八人委员会，筹办一种《文学杂志》。编委会之中有杨振声、沈从文、周作人、俞平伯、朱自清、林徽因等人和我。他们看到我初出茅庐，不大为人所注目或容易成为靶子，就推我当主编。由胡适和王云五接洽，把新诞生的《文学杂志》交商务印书馆出版。在第一期我写了一篇发刊词，大意说在诞生中的中国

[1]《朱光潜全集》第9卷，第488—489页。

新文化要走的路宜于广阔些，丰富多彩些，不宜过早地窄狭化到只准走一条路。这是我的文艺独立自由的老调。《文学杂志》尽管是京派刊物，发表的稿件并不限于京派，有不同程度左派色彩的作家们如朱自清、闻一多、冯至、李广田、何其芳、卞之琳等人，也经常出现在《文学杂志》上。杂志一出世，就成为最畅销的一种文艺刊物。尽管它只出了两期就因抗日战争爆发而停刊，至今文艺界还有不少的人记得它（不过抗战胜利后复刊，出了几期就日渐衰落了）。[1]

朱光潜在1980年发表的《从沈从文先生的人格看他的文艺风格》中又谈到《文学杂志》：

他编《大公报·文艺副刊》，我编商务印书馆的《文学杂志》，把北京的一些文人纠集在一起，占据了这两个文艺阵地，因此博得了所谓"京派文人"的称呼。京派文人的功过，世已有公评，用不着我来说，但有一点却是当时的事实，在军阀横行的那些黑暗日子里，在北方一批爱好文艺的青少年中把文艺的一条不绝如缕的生命线维持下去，也还不是件易事。于今一些已到壮年或老年的小说家和诗人之中还有不少人是在当时京派文人中培育起来的。[2]

《文学杂志》助理编辑常风在朱光潜和沈从文先生逝世后写的一篇文章中说：

《文学杂志》包括主编共有十位编辑委员。除了上海李健吾和武汉的凌叔华两位外，其他八位朱、杨、沈、叶公超、周作人、

[1]《朱光潜全集》第1卷，第5—6页。
[2]《朱光潜全集》第10卷，第491页。

> 林徽因、朱自清、废名都在北平。杨先生和沈先生是主要成员，朱先生经常和他们两位商议。沈先生有多年编辑刊物的经验，对杂志的策划十分积极热情，朱先生更可依赖他。他除了负责审阅小说稿件，其他稿件朱先生也都请他看。只有他们两位是看过全部稿件的。[1]

朱光潜在《文学杂志》发刊词《我对于本刊的希望》中宣扬文艺独立自由，说："我们对于文化思想运动的基本态度，用八个字概括起来，就是自由发生，自由讨论。"

《文学杂志》的作者大多是在北方，以北平、天津地区为主。以抗战前出版的《文学杂志》第 1 卷第 1 期至第 4 期为例，出现在刊物上的作者有朱光潜、叶公超、胡适、戴望舒、卞之琳、沈从文、老舍、杨振声、陈西滢、李健吾、林徽因、周作人、钱锺书、杨季康（绛）、废名（冯文炳）、程鹤西、周煦良、常风、梁实秋、王了一（王力）、郭绍虞、陆志韦、梁宗岱、施蛰存、萧乾、何其芳、朱自清、林庚、曹葆华、冯至、方令孺、杨世骥、蹇先艾、俞平伯、徐迟、李影心、朱东润、孙毓棠、朱颜、贾芝、石民、路易士、贾处谦、高一凌、凌叔华、杜衡、杨刚、章邠、史卫斯、方家达、张骏祥，共五十一位。从这个作者名单看，有些是京派作家，有些就不是京派作家。

再看《文学杂志》第 1 卷第 1 期至第 4 期发表的作品情况。创刊号"诗"栏目里刊登了胡适的《月亮的歌》、戴望舒的《新作二章〈寂寞〉〈偶成〉》、卞之琳的《近作四章〈第一盏灯〉、〈多少个院落〉、〈足迹〉、〈半岛〉》；"小说"栏刊登了沈从文的《贵生》、老舍的《"火"车》、杨振声的《抛锚》、陈西滢译的《大国之风》（英国泊龙慕原著）；"戏剧"栏刊登了李健吾的独幕剧《一个未登记的同志》、林徽因的《梅

[1]《逝水集》，辽宁教育出版社 1995 年 10 月版。

解放前夕朱光潜在北平中老胡同北大教师宿舍

真同他们（第一幕）》；“短篇散文”栏刊登了周作人的《谈笔记》、钱锺书的《谈交友》、杨季康的《阴》、废名的《随笔》、程鹤西的《灯》。第1卷第2期“诗”栏刊登了废名的《诗三首〈十二月十九日夜〉、〈宇宙的衣裳〉、〈喜悦是美〉》、陆志韦的《杂样的五拍诗》、梁宗岱译的《莎士比亚十四行诗二首》；“小说”栏刊登了施蛰存的《黄心大师》、萧乾的《破车上》、沈从文的《大小阮》；“戏剧”栏刊登了林徽因的《梅真同他们（第二幕）》；“散文”栏刊登了何其芳的《老人》、朱自清的《房东太太》、程鹤西的《落叶》。第1卷第3期“诗”栏刊登了卞之琳的《白螺壳》、林庚的《诗二首〈柳下〉、〈半室〉》、曹葆华的《无题》、冯至的《给几个死去的朋友》、方令孺的《听雨》、杨世骧的《云麓宫前额》；“小说”栏刊登了废名的《桥——萤火》、老舍的《杀狗》、蹇先艾的《儿子》；“戏剧”栏刊登了林徽因的《梅真同他们（第三幕）》；“散文”栏刊登了沈从文的《神之再现》、俞平伯的《无题》、徐迟的《理想树》。第1卷第4期“诗”栏刊登了孙毓棠的《暴风雨》、朱颜的《进城》、林徽因的《去春》、贾芝的《水手和黄昏》、石民的《浣溪纱（拟古之一）》、《谢了的蔷薇》、路易士的《不朽的肖像》、覃处谦的《路工的乡愁》、高一凌的《凉》；“小说”栏刊登了凌叔华的《八月节》、杜衡的《移植》、杨刚的《天真的嘴唇》、章郯的《锵咚屋的儿子》、废名的《桥——牵牛花》；“散文”栏刊登了何其芳的《树阴下的默想》、史卫斯的《独酌》、方家达的《无题》、方家祥的《上下》。

朱光潜重视文学新人的培育，他在第1卷第4期写的“编辑后记”中说：

> 从本期起，我们预备尽量多登新作家的来稿，本期诗栏大部分作者就是才露头角的青年诗人。许多人对于新诗的前途颇悲观，如果他们肯拿现代新诗人的作品和初期新诗人的作品细心比较一下，就会知道他们的悲观是无理由的。一般青年诗人的毛病不外两种，

一种是文字欠精练，技巧欠成熟，一种是过于信任粗浮俗滥的情调，前者可救药而后者实不可救药。我们不敢说现在新诗人绝对没有第二种毛病，但是也不能否认他们中间确有少数人知道它是毛病而力求避免。这是一个好现象，新诗前途可乐观者也正在此。

《文学杂志》重视理论批评，理论批评与文学创作在篇幅上几乎并重，论文在前，书评殿后。《文学杂志》前四期发表的论文有朱光潜的《我对于本刊的希望》、叶公超的《论新诗》、知堂（周作人）的《谈俳文》、梁实秋的《莎士比亚是诗人还是戏剧家？》、王了一的《语言的化装》、郭绍虞的《宋代残佚的诗话》、陆志韦的《论节奏》、知堂的《再谈俳文》、钱锺书的《中国固有的文学批评的一个特点》、朱东润的《说"衙内"》等，共十一篇。

朱光潜要求《文学杂志》的书评力求做到"态度诚恳谨严"，"对于所研究作家须有同情的了解"，立论须"公正诚恳，不带棒喝或攻击的恶习"；"文字简要清楚，每篇最好在两千字以内"。《文学杂志》前四期发表了周煦良评夏衍的《赛金花》和林庚的《北平情歌》；朱光潜评戴望舒的《望舒诗稿》、废名的《桥》、芦焚的《〈谷〉和〈落日光〉》；常风评斯诺的《活的中国》、萧军的《第三代》、周文的《烟苗季》、王统照的《春花》、杜衡的《漩涡里外》、阿英的《春风秋雨》、李健吾的《新学究》、左兵的《天下太平》；李影心评陆蠡的《海星》；鹤西评废名的《桥》和《莫须有先生传》、李健吾评芦焚的《里门拾记》。《文学杂志》前四期的"书评"除署名者外，还包括朱光潜写的每期的"编辑后记"。

萧军和周文是左翼青年作家。萧军的长篇《第三代》真实地反映了旧民主主义革命时期，在帝国主义和封建军阀统治下的东北社会现实，探索了近代东北人民反抗性格和复仇精神形成的复杂的时代原因和社会历史基础。《第三代》第一部由上海文化生活出版社于1937年2月出版，第二部由同一出版社于1937年3月出版。朱光潜在《文学杂志》

第1卷第2期的《编辑后记》中赞赏萧军的《第三代》“是近来小说界的可宝贵的收获，值得特别注意”。朱光潜还在书评《〈谷〉和〈落日光〉》中，将萧军与芦焚做了一番比较，他说：

我读芦焚先生的作品和读萧军先生的作品是同时的。这两位新作家都以揭露边疆生活著称，对于受压迫者都有极丰富的同情，对于压迫者都有极强烈的反抗意识，同时，对于自然与人生、在愤慨之中仍都有几分诗人的把甘苦摆在一块咀嚼的超脱胸襟。但是他们在风格上有一个重要的异点：萧军在沉着之中能轻快，而芦焚却始终是沉着。这种分别，我们只要拿萧军的《江上》和《同路人》同芦焚的《过岭记》和《金子》一比较，就可以明白。自然，萧军也有笨重的地方，《羊》的头一部分就是特例；芦焚也有轻快的地方，《谷》就是特例。不过特例终于是特例，两人的分别终于是很显然的，因为这个原故，读芦焚总比读萧军费力。萧军的好处马上就可以吸引读者的注意，芦焚的好处是要读者费一番挣扎才能察觉的。[1]

朱光潜在每期写的“编辑后记”中对发表的一些作品、论文和译作还作了扼要的评价。

如胡适在《文学杂志》创刊号上发表了诗作《月亮的歌》，朱光潜在同期“编辑后记”中说：

胡适之先生对于本刊的发起帮了许多忙，这一期创刊号又得到他的一件宝贵的“贺礼”。《月亮的歌》对于《尝试集》的读者像是一位久别重逢的老友。他和戴望舒和卞之琳两先生的几首近作恰好

[1]《朱光潜全集》第8卷，第561—562页。

做一个有趣的对称。读者在无意中常欢迎诗人走熟路，所以新技巧与新风格的尝试都难免是向最大抵抗力去冲撞。胡先生曾经勇敢地冲撞过，戴卞两先生现在也还是在勇敢地冲撞。这两种冲撞的方向虽不同，却各有各的意义和价值。[1]

又如《文学杂志》创刊号上发表了钱锺书的散文《谈交友》和杨季康的散文《阴》，朱光潜在同期"编辑后记"中热情地写道：

钱锺书先生在牛津，远道寄来他的《谈交友》。他殷勤在书城众卉中吸取精英来酿出这一窝蜜，又掺上兰姆与哈兹尼特的风格的芬芳。他的夫人杨季康女士的《阴》以浓郁色调渲染出一种轻松细腻的情绪，与《谈交友》可谓异曲同工。

又如，朱光潜在创刊号"编辑后记"中谈到老舍的《"火"车》：

人人知道老舍"幽默"，但是很少人知道他是一个彻底的有心人。像一切上品幽默家，他拿给人看的是喜笑讥嘲，而喜笑讥嘲后面却还有人家不易看到的一面——对于人道正谊的热烈的爱护以及对于委曲人道正谊者的愤慨和怜悯，《"火"车》证明了这一点，同时也可以证明一般人所说的"白话文做不到古文那样简练"是一种谬见。

《文学杂志》办了四期停刊后，朱光潜从北平来到成都四川大学，仍在惦记《文学杂志》，他说自己还要对"上海商务印书馆负有《文学杂志》编辑责任"。1946 年冬他回到北平，继续在北大执教，又积极筹

[1]《朱光潜全集》第 8 卷，第 529—530 页。

划《文艺杂志》的复刊工作。1947 年 6 月《文学杂志》复刊，朱光潜在复刊号上《复刊卷头语》中说：

> 《文学杂志》在二十六年创办，发行了四期就因抗战停刊。当时每期销行都在两万份以上，在读者中所留的印象并不算坏。事隔十年，到现在还有些读者打听它有无复刊的消息。这一点鼓励使我们提起勇气把它恢复起来，虽然我们明知道目前复刊是处在一个不很顺利底环境。我们准备着挺起腰杆奋斗下去。我们的目标在原刊第一期已表明过，就是采取宽大自由而严肃的态度，集合全国作者和读者的力量，来培养成一个较合理的文学刊物，借此在一般民众中树立一个健康的纯正的文学风气。我们现在仍望指着这个目标向前迈进。[1]

复刊后的《文学杂志》重组编委会，计有杨振声、朱光潜、沈从文、冯至、姚可昆，朱光潜仍任主编，常风仍任助理编辑。

复刊后的十八期《文学杂志》版面安排基本上保持了原来的风貌，《文学杂志》第 1 卷的作者有些继续写稿，又增加和扩大了新的作者：吴之椿、甘运衡、徐盈、季羡林、萧望卿、戴镏龄、俞铭传、穆旦、袁可嘉、毕基初、李瑛、王佐良、游国恩、傅庚生、张英、刘贝汶、李长之、吴同宾、王忠、萧沅、汪曾祺、叶汝链、陈占元、罗大冈、田畴、林蒲、萧赛、杨湮、张希桎、贾光涛、孟士孙、金克木、邢楚均、萧凤、金湜、艾芜、盛澄华、郭士浩、朱介凡、少若、刘荣恩、闻家驷、朱君允、缪钺、方敬、徐朔方、陈石湘、君弱，叶苍岑、晁朴、陈思苓、徐家昌、方域、马君玠、许素任、鲁人、蓉圃、陈方、张栓、闻一多（遗著）、常乃慰、浦江清、冯友兰、川岛、余冠英、李

[1]《朱光潜全集》第 9 卷，第 241 页。

广田、马文珍、王瑶、孙楷第、艾辰、雷妍、方回等。新作者的一个特点是学者型的作家增多。他们大多为北大、清华、燕京等大学的教师或学生。复刊后的《文学杂志》刊登了七十多篇文学论文，其中有朱光潜的《中国现代文学》、《诗的难与易》、《诗的意象与情趣》，朱自清的《古文学的欣赏》、李长之的《李清照论》、《陶渊明的孤独之感及其否定精神》、游国恩的《屈原文艺论》、陈思苓的《楚声考》、萧望卿的《李白思想与艺术观》、《艺术的透视——李白新论之一》、罗大冈的《两次大战间的法国文学》、冯至的《歌德的西东合集》、戴镏龄的《近代英国传记的简洁》、盛澄华的《纪德的艺术与思想的演进》、陈石湘的《法国存在主义运动的哲学背景》、袁可嘉的《现代英诗的特质》、《诗与意义》、《对于诗的迷信》、《诗的戏剧化》、《释现代诗中底现代性》、《当前批评底任务》、林庚的《诗的活力与新原质》、《再论新诗的形势》、徐家昌的《诗歌的音调》、傅庚生的《论文学的本色》、常风的《新文学与古典文学》、《人物的创造》、吴之椿的《明日世界与中国文化》等。

朱光潜还经常为《文学杂志》主动四处约稿。方敬回忆说：朱光潜先生主编《文学杂志》，“鼓励同学投稿”，《文学杂志》复刊，“来信要去我的诗发表了”[1]。这就是刊载在《文学杂志》第 2 卷第 12 期上的《战时作》。方敬的这首诗写抗战期间国统区人民的疾苦，用“警鞭”逼迫老百姓离乡背井，四处流亡，把家园拱手让给日本侵略者。朱光潜约来在《文学杂志》第 2 卷第 1 期上发表的徐盈的游记《煤区纪行》，更暴露了 1947 年前后在国民党政府统治下北平的黑暗和阴森。朱光潜还积极向一些学者、教授约稿。季羡林说，他 1946 年回国，立即来到北大工作，“那时孟实先生也转来北大。他正编一个杂志，邀我写文章。我写了一篇介绍《五卷书》的文章，发表在那个杂志上。”季

[1]《群言》1986 年第 10 期。

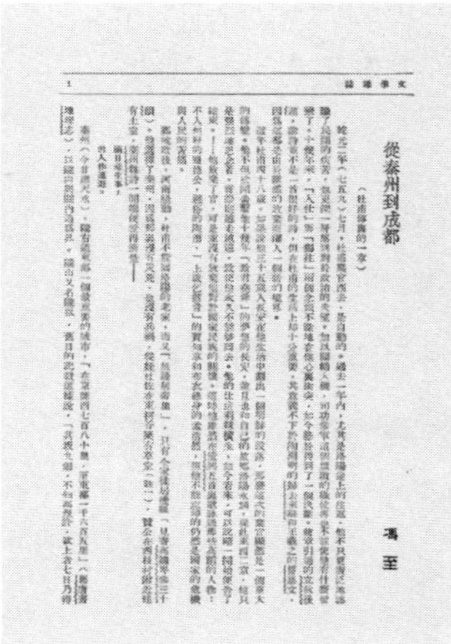

從秦州到成都

（杜甫傳裏的一章）

馮至

冯至《从秦州到成都——杜甫传里的一章》刊《文学杂志》第 3 卷第 2 期

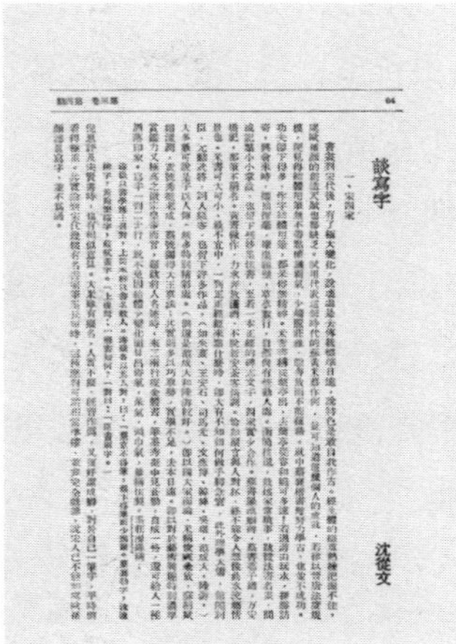

談寫字

沈從文

沈从文《谈写字》刊《文学杂志》第 3 卷第 4 期

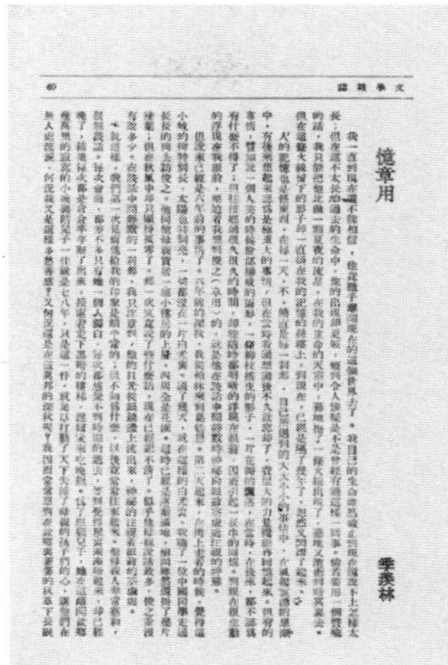

憶章用

季羨林

季羡林《忆章用》刊《文学杂志》第 3 卷第 4 期

羡林的散文《忆章用》也发表在《文学杂志》第 3 卷第 4 期上。1937 年 7 月，冯至在《文学杂志》第 1 卷第 3 期上发表了诗作《给几个死去的朋友》，那时冯至在上海同济大学中学部教书。《文学杂志》复刊后，冯至从西南联大到北大执教。朱光潜器重“真正爱好文学底作者”，在《文学杂志》上陆续编发了冯至关于歌德、杜甫研究的文章以及散文和其他译作，计有《杜甫在长安》（《杜甫传》里的一章）、散文《决断》、译作《德国的小说》（霍夫曼斯塔尔著）、《歌德的西东合集》、《安史之乱中的杜甫》（《杜甫传》里的一章）、《从秦州到成都》（《杜甫传》里的一章）、《草堂前期》（《杜甫传》里的一章）、《杜甫在梓州阆州》（《杜甫传》里的一章）等。上世纪 80 年代初，我为上海文艺出版社编选《杨晦选集》时，请冯至先生为该书写序《从癸亥年到癸亥年》，冯至先生曾同我谈起《杜甫传》在写作过程中，朱光潜先生看了其中部分写好的章节，并建议先在《文学杂志》上发表，好听听各方面的意见。冯至的《杜甫传》1951 年在《新观察》杂志连载，经修改 1962 年出单行本。《杜甫传》是建国后“前十七年”比较有成就和影响较大的一部学术传记。《文学杂志》上发表的一些作品和论文，在解放后仍不失其文化历史价值，得以留存和流传，不少作者在新中国文坛活跃过，有些至今仍在活跃。

《文学杂志》前四期在上海出版，后十八期在北平出版。应该说《文学杂志》是我国上世纪三四十年代产生过一定影响的一份文学期刊。我没有对《文学杂志》进行过专门的研究，之所以将粗略知道的有关这份杂志的编者和作者的点滴情况写出来，是希望有兴趣的读者和研究者去看看这份杂志的全貌。

《诗论》新版漫忆

1981 年 12 月，我为朱光潜编选的《艺文杂谈》一书出版了，我去北京三联书店给经理范用先生送了一本。这是一位爱书入迷的老出版家。他接过书快速地翻了翻，高兴地说：想不到安徽能出这样雅致的书。他认为封面设计大方，收录的三十八篇文章许多他不曾读过。我告诉他封面设计和人像速写均出自丁聪之手，所选篇目是按朱先生的意思编选，最后由他本人阅定的。范用冲了两杯咖啡，他一边喝，一边仔细翻书，突然对我说起里面有许多谈诗的内容。我说朱先生在文学的各种样式中最推崇诗，认为诗最能充分体现文学的特性。范用说，朱先生 40 年代出版过一本《诗论》，影响大，可惜解放后没有重版，一般读者很难找到。我告诉他，这本集子里收的两篇有关诗的对话《诗的实质与形式》和《诗与散文》就是《诗论》中的两章，当年因体例不协调，正式出书时没有放进去。朱先生在 1980 年 10 月 28 日给我的信中说："两篇'对话体'的论文，本是《诗论》的一部分，因为与《诗论》体例不大合，所以在《诗论》正式出版时我把它删去了。"这次朱先生在《艺文杂谈》的自序中又谈到这点。范用很注意听了这个情况，当时没有提三联想印这部书的事。但我从他的表情里，已隐约感到以他的眼力是不会放过这本书的。

果然不出所料，两天后范用来电话，说三联书店想印《诗论》单行本，他特别强调是1948年正中书局出版的增订本，希望我尽快代为征求一下朱先生的意见。我连夜写信给朱先生，转告了范用的这番意思。

很快，收到了朱先生的手书：

泰昌同志：

得手教转达范用同志为拙著《诗论》附两篇对话交三联书店单印出版，我当然不会反对，不过我不了解出版局的章程，已由上海文艺出版社收入选集而且已校过清样的旧书是否合适，这事还请您和范用同志商定，如定再印，尚望劳您任编辑，因为我实在衰弱昏聩，无力校改旧稿了。月初遭凉患腹泻，服药后才好转。《新科学》译稿大致已校改一遍，仍不满意，想再校改一遍。香港中文大学近发来讲座聘书，我尚未复，待上级斟酌决定，如决去，还要准备一篇论文，想以《从维柯的〈新科学〉看中国古代社会文化》为题，请你和范用同志便中代我考虑一下是否宜应聘以及如应聘宜讲些什么？今年暑假我想参加文联组织的庐山的"读书之家"，读书是个借口，想好好地休息一个月左右。匆致

敬礼！

光潜

一九八二年四月三日

我将朱先生关于重印《诗论》单行本的意见在电话里告诉了范用。他说，湖南出的《朱光潜美学文学论文选集》和上海文艺出版社出的《朱光潜美学文集》虽然选录或收了《诗论》，不妨碍他们再印单行本。他叫我将这个意思告诉朱先生，请他放心。至于朱先生信中叫我做这本书的责编事，我没有对范用提起，我觉得三联的编辑力量强，出书认真，他们完全会想得周到考虑仔细的。朱先生听了范用的意见后也就明确表示同意他们印单行本。朱先生在电话中叫我过些天去他那里一趟，

说有些事还要面谈。

这期间，我去南方参加了一个会，4 月 17 日左右回京，即函告朱先生。22 日收到他 21 日写的信：

> 得来信，知已平安返京，甚慰！二十三或二十四日下午我当在家恭候，借机倾听您这次南方旅行见闻，如果您的时间允许，可以敝寓小饮。我已定于二十七日晨赴承德参加百科大全书编委会议，大约要到五月十日左右返京。

据日记中记载，我是 23 日下午去朱先生家的。我两点多钟先去朗润园吴组缃老师家。约 4 时才到朱先生家。第二体育馆前的球场上开始有人在运动了。朱师母说朱先生早就在等你了。他靠在沙发上休息，大概午觉没睡好。我不安地走近他，他突然醒来，高兴地说我想你今天会来。他问我能待多久，我说吃晚饭时，他说，那就边喝边谈吧！他去橱子里拿了一瓶二两五的四川泸州特曲，师母端了一碟煮花生米。朱先生先问了我这次家乡之行的见闻，我说皖南不少县城很美，宁静，休息写作很适宜，朱先生说大城市有大城市的条件，小城市有小城市的方便，空气新鲜，菜蔬新鲜，水也没有漂白粉味，沏茶好喝。他突然问我："你是安徽人，去过巢湖吗？沿湖有许多小镇，现在比几十年前我去过的时候自然变化多了，有时我真想躲到那里去完成手头的译著，这里干扰太多。"他可能已觉察出这是不切实际的幻想，又劝我说，也要习惯于闹里取静，忙里偷闲，一天保证有一两小时写作，若能坚持下去，该写的也就写出来了。我们就这样闲聊，顺势谈到《诗论》的重印。他问我，范用为什么对这本旧著感起兴趣？朱先生一向很得意这部著作，自认为是用功写的，有些独到见解的，这是我心里清楚的。早在留学英法时，他便完成了《诗论》的初稿。他在《文艺心理学》"作者自白"中说，《文艺心理学》泛论文艺，"我另外写了一部《诗论》，应用本书的基本原理去讨论诗的问题，同时，对于中国诗作一种学理的研究。”[1] 1933年回国后，北大文学院院长胡适看过《诗论》的初稿，颇为欣赏，邀请他到北大任教授，并到中文系讲授《诗论》。朱先生的学生、诗人荒芜说：“朱先生从来不是一位口若悬河的演说家，但是他用比较文学研究的方法，用西方诗论来解释中国古典诗歌，用中国诗论来印证西方著名诗作的那种新鲜、精辟的见解，一下子就抓住我们，大大开拓了我们的眼界。”[2] 抗战期间，他又在武汉大学讲了一年《诗论》。经过十几年的反复修改，1943年才由重庆国民图书出版社出版，称为“抗战版”。朱先生不等我回答他的提问，就说，现在的青年未必爱读这部书。不管现在诗歌流派有多少，他以为哪一派都要讲究诗歌格律，诗歌的音乐美——从这个意义上说，这部书也许对诗歌作者有点益处。他叫我抽空帮他看一遍，发现有不妥处向他提出来，叮嘱我错字一定要改正。我说范用会用心把这本书出好，他听了点点头，会心地笑了起来。

朱先生的课堂讲授和在家辅导，爱向学生提问，在欢愉的交谈中，他也少不了问我。他问我读过几部中国诗歌史？我说在大学，读了陆侃如、冯沅君先生的《中国诗史》，还有王瑶先生的《中国诗歌发展简史》。朱先生说自己的《游仙诗》一文，也可以当做一篇中国诗歌简史来读。我在替朱先生编《艺文杂谈》时，发现他对这篇文章很钟爱。他在该集的序言中说“《游仙诗》代表了我对中国诗史的摸索”。这篇长达万言的论文，最初发表在1948年9月出版的《文学杂志》第3卷第4期，是打头的一篇。这次入集时，朱先生亲自做了删改，题目由《游仙诗》改为《楚辞和游仙诗》，并据近年出的版本对文中引诗一一做了校订。《游仙诗》是我国现代较早一篇用比较文学的方法研究中国诗歌发展的有分量的学术论文，可惜长期以来未能引起重视。朱先生提醒我，艾青有本《诗论》，应该好好读。他说艾青是诗人，诗人谈诗，比做学

---

[1]《朱光潜全集》第1卷，第200页。

[2] 荒芜：《师友之间——我所知道的朱光潜先生》，原载《读书》1986年第6期。

问的人更能谈出经验的东西。他承认自己的《诗论》和艾青的《诗论》所谈角度不一致。他认为，同一个课题应该有不同角度的探讨，都可能有价值。他不大相信在学术上一个人把什么都说全了说准了。他说学术的建树是需要世世代代许许多多的人共同努力的。记得那天告别时，我走出门，又转回来，拿出书袋中包好的几本朱先生的旧著，请他题名签字。我特别谈到，我在60年代初读研究生时，好不容易从西单商场一家旧书店买到一本《文艺心理学》，开明版。十分有趣的是，在买到这本书许多年之后，我突然有次发现扉页钤有“钱杏邨”的藏书章。我曾拿着这本书去给阿英（钱杏邨）先生看，他笑着说：我三四十年代在上海的藏书大多丢失，能被你买到也真巧。朱先生在客厅的沙发上一一翻看这几本旧书。他问我《文艺心理学》上有不少工整的钢笔字是不是我写的，我说是我当时读后随手记下来的。朱先生说这本书缺陷很多，有许多可批判的地方。他将这几本书拿到书桌上，用钢笔有点颤抖地在《文艺心理学》扉页上写道“泰昌同志携示所搜集的解放前的拙著数种，有如老妇人见到嫁衣裳时的欣喜，书此志谢。朱光潜”，其他几本他只签了名。我告诉了范用这段插曲，他说我该写出一篇有趣的书话来。他问我这几本旧书中有没有增订本《诗论》，我点点头。

1982年5月，我收到范用给我的一封短信，专谈《诗论》重版的事：

> 朱老《诗论》，正中版，湖南所编的那本是否全文？当然还得加上《艺文杂谈》中的两篇。正中版有无序文或后记？很想看一看正中版。将来三联出版，少不了要请朱老写一序文，哪怕是短短的。还得托您一办。

1982年6月25日下午，我去人民大会堂参加中国文联全委会闭幕式，在会场上匆匆见到朱先生。在会议休息时，他又主动同我谈起三联

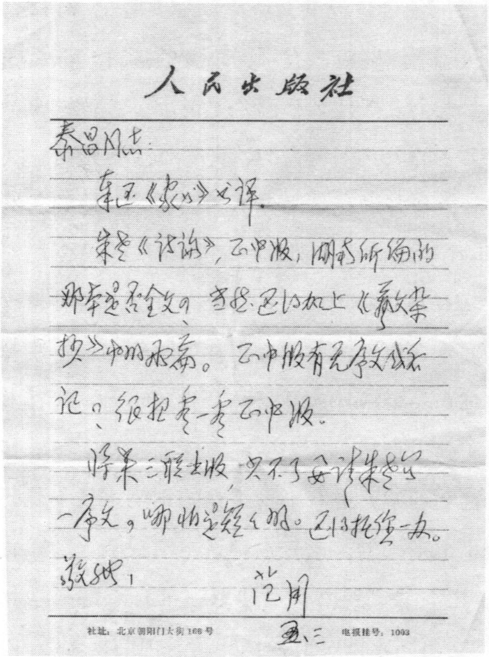

人民出版社

泰昌同志：

来函《艺谈》收悉。

朱先生《诗论》，正中版，同我所编的那本是否全文？当然，还可以加上《艺文杂谈》中附的两篇。正中版有无序文或后记？很想看一看正中版。

将来三联出版，少不了要请朱先生写一序文，哪怕是短短几句。这点拜托你一办。

敬礼！

范用

五、三

社址：北京朝阳门内大街166号 电报挂号：1093

北京三联书店经理范用就拟新版《诗论》事致作者信（1982年5月3日）

书店想印《诗论》的事。他说：“用哪一个本子都可以，你们考虑一下，湖南出的选集中删去的两章，可以恢复，也可以不恢复，连同安徽《艺文杂谈》中附的两篇，你同范用同志商定。”他还答应写一篇新序。

朱先生没有想到《诗论》会如此快地刊印单行本。1979年冬他在湖南人民出版社出版的《朱光潜美学文学论文选集》“编后记”中曾说：

> 《诗论》大量地谈到中国诗，特别是对于中国诗的音律分析，北京师范大学中文系钟敬文同志和南京大学中文系程千帆同志都劝我将《诗论》再版。再版暂不可能，所以多选了载一些。我希望我的初步分析有助于科学精神在文学研究方面日益上升。

朱先生原打算为《诗论》新版新写篇序，后来不打算写了。这里有点原因。1983 年 12 月 12 日，中国作协党组书记、副主席张光年找我，叫我代他去劝劝朱先生不必紧张，安心工作，并托我将自己的一本近著面赠朱先生。根据我当天日记中的记载情况是这样的："光年同志说：听说朱光潜最近给人一信，说自己这几年翻译的东西是精神污染，他听了这话，很惦记他，嘱我转告对朱先生的问候，感谢他的翻译成果，有其价值、意义。光年同志并送一本《风雨文谈》，题字：'光潜同志，请您指正！祝您健康长寿！张光年 1983 年 12 月。'"我及时将张光年嘱转告的话告诉了朱先生，并面交了张光年赠朱先生的书。朱先生说谢谢他的关心，日内会写信给他，并赠书给他。朱先生说，最近他集中全部时间将《新科学》译完，叫我转告范用，《诗论》的新序他不打算写了，可写个短后记，交代点史实。

朱先生希望保留"抗战版"序文，说这个序里该说的都说了。他在 1942 年 3 月写的序文中说：

> 写成了《文艺心理学》之后，我就想对于平素用功较多的一种艺术——诗——作一个理论的检讨。在欧洲时我就草成纲要。一九三三年秋返国，不久后任教北大，那时胡适之先生长文学院，他对于中国文学教育抱有一个颇不为时人所赞同的见解，以为中国文学系应请外国文学系教授去任一部分课。他看过我的《诗论》初稿，就邀我在中文系讲了一年。抗战后我辗转到了武大，陈通伯先生和胡先生抱同样的见解，也邀我在中文系讲了一年《诗论》。我每次演讲，都把原稿大加修改一番。改来改去，自知仍是粗浅，所以把它搁下，预备将来有闲暇再把它从头到尾重新写过。它已经搁了七八年，再搁七八年也许并无关紧要。现在通伯先生和几位朋友编一文艺丛书，要拿这部讲义来充数，因此就让它出世。这是写这

书和发表这书的经过。

我感谢适之、通伯两先生，由于他们的鼓励，我才有机会一再修改原稿；朱佩弦、叶圣陶和其他几位朋友替我看过原稿，给我很多的指示，我也很感激。[1]

我将自己保存的一本正中书局刊印的《诗论》增订版借给了范用，扉页上有朱先生的签名。这本书就是三联书店新版时采用的底本。增订本《诗论》为“正中文艺丛书”第一种，较之初版本，增收了：《中国诗何以走上“律”的路》，上下两篇，是对诗作历史检讨的一个尝试；《陶渊明》一篇，是于个别作家批评研究的一个尝试。我也是个爱书人，正中版《诗论》借给范用之后，一直不见退还，去年为准备写这本书，我曾向范用讨要，他在复信中说：“泰昌兄：您的那本《诗论》用来发稿，未再收回。”我在欣喜于《诗论》新版时也留下了一个小小的遗憾。

《诗论》印成讲义，朱先生先在北大中文系讲授，同时也在清华大学讲授过部分章节。清华大学中文系主任朱自清教授曾请他去清华讲《文艺心理学》，也请他去讲过《诗论》中的部分内容。朱自清在1937年4月22日的日记中记道：下午开共赏会。朱孟实作《诗与散文》讲演，要点如下：

一、音律之存在理由有三：

1．多样化中之统一性；

2．节奏；

3．淫猥之掩护物（例如酬简）。

二、散文占领了诗的领域。

三、形式平凡，只有平凡。

[1]《诗论》，三联书店1984年7月版，第2页。

四、若形式之有理由，则必为音乐的。

第三项中朱曾引用米德尔顿·默里（Middleton Murry）的《风格问题》里的话。默里认为在任何形式中都没有内在的价值。[1]

《诗论》在出书前，较长时间以讲义的形式在诗人、学者中流传，影响一时。朱光潜1933年任北大教授时，住在地安门内的慈慧殿3号。朱先生1936年8月写过散文《慈慧殿三号——北平杂写之一》，细致地描述了所谓的这个殿，“慈慧殿并没有殿，它只是后门里一个小胡同，因西口一座小庙得名”。它荒凉、冷清，“孤零零地兀立在破墙荒园之中”。“一进门，右手是一个煤栈，天晴时天井里右方隙地总是晒着煤球”，有时门口停着运煤的大车以及它所应有的黑麻布袋，黑牲口，满面涂着黑煤灰的车夫。在煤栈对面的，是一个车房，所谓“车房”就是停人力车和人力车夫居住的地方。进二道门一直望进去是一座高大而空阔的四合院儿，住着一户破落的旗人——“皇代子”。进二道门之后向右转，就到了朱光潜和诗人梁宗岱合住的园子。园子里有一棵百年以上的大柏树，“它的浓阴布满了一个小院子，还分润到三间厢房”。柏树以外，最多的是枣树，最稀奇的是楸树。“园子终年是荒着的。一到夏天来，狗尾草、蒿子、前几年枣核落下地所长生的小树，以及许多只有植物学家才能辨别的草都长得有腰深”。秋天长满了菊花。北方所有的鸟雀儿这里也算应有尽有。有位朋友的太太说慈慧殿三号颇类似《聊斋志异》中所常见的故家第宅，“旷废无居人，久之蓬蒿渐满，双扉常闭，白昼亦无敢入者……”从1933年7月到1937年7月离开北平，四年时间里，朱光潜在慈慧殿3号以文会友，广结良缘，定期操持着“读诗会”。他在谈到组织“读诗会”的创意时说：

[1]《朱自清全集》第9卷，第463—464页。

北大教授朱光潜 1934 年在北平慈慧殿 3 号寓所

> 我在伦敦时，大英博物馆附近有个书店专门卖诗，这个书店的老板组织下个朗诵会，每逢周四为例会，当时听的人有四五十人。我也去听，觉得这种朗诵会好，诗要能朗诵才是好诗，有音节，有节奏，所以到北京后也搞起了朗诵会。[1]

参加“读诗会”的固定成员有：冰心、梁宗岱、冯至、孙大雨、罗念生、周作人、叶公超、废名、卞之琳、何其芳、徐芳、朱自清、俞平伯、李健吾、林庚、曹葆华、凌叔华、林徽因、周煦良、萧乾、沈樱、杨刚、陈世骧、沈从文、张兆和等，以及当时在北京的两位英国诗人尤连·伯罗和阿立通。沈从文在《读朗诵诗》文中回忆说：

[1] 转引自商金林著：《朱光潜与中国当代文学》，第 91—92 页。

北方《诗刊》结束十余年，当时的诗人如徐志摩、朱湘、刘梦苇、朱大楠、杨子惠、方玮德、刘半农诸先生全都死了。闻一多先生改了业……北平地方又有了一群新诗人和几个爱事者，产生了一个读诗会。这个集会在北平后门慈慧殿三号朱光潜先生家中按时举行，参加的人实在不少。……这些人或者曾经在那些读诗会上做过有关诗的谈话，或曾把新诗、旧诗、外国诗当众诵过、读过、说过、哼过。大家兴致所集中的一件事，就是新诗在诵读上，有多少成功可能？新诗在诵读上已经得到多少成功？新诗究竟能否诵读？差不多集所在北方系新诗作者和关心者于一处，这个集会可以说是极难得的。[1]

1984年有次我从北大朱先生处到冰心家，冰心同我谈起朱光潜先生，她笑着说，我同朱光潜很熟，他现在不给我送书，只给我大女儿吴冰送，吴冰是他的学生。她又谈起朱光潜发起组织“读诗会”，她说，去的人不少，川流不息，有固定成员，也有临时来的，她几乎每次都去。朱光潜先生为人热情，《诗论》的讲义稿，她就是在那个聚会期间读到的，他是做学问的，勤奋而又见功底，是一位真正的学者。《文艺报》1986年3月15日发表《朱光潜先生逝世》报道时，冰心专门来电话，希望在新闻稿中加上他是“一位真正的学者”这句话。报社加了，并且用冰心的这句话为这篇报道的副标题。

《诗论》中的观点影响过不少诗人。朱自清在1936年2月15日的日记中说：“梁宗岱和罗念生来访。谈及平仄韵律。引用朱孟实的观点：诗与音乐分离之后，始产生平仄韵律。韵律是为了歌唱，并非为了朗诵。”[2]

诗人、学者梁宗岱在北大任教时曾受到朱光潜《诗论》的影响。戴

[1]《沈从文文集》第11卷，第251页。
[2]《朱自清全集》第9卷，第403页。

镏龄 1986 年在《忆朱光潜先生》文中说："早几年死去的梁宗岱先生对时辈不轻易许可，衡量人物的标准很高，关于朱先生，他说：'是专门学者，无论哲学、文学、心理学、美学，都做过一番系统的研究。'这是五十年前梁先生写下的意见。也是大多数人的意见，今天已成为历史定论。"[1]

1985 年 5 月 4 日，我去看望朱先生，我正要起身走，朱先生说给我留了一本新书，他扶着楼梯上二楼书房去了。下来时，我见他手拿的是一本《诗论》，我说您已送了一本给我，他说：我这次给你的是精装本，这本书印得不错，不少友人来信索书，这里有你一份辛劳，留一本给你作纪念。

朱光潜认为"在中国和其他各国一样，诗是最原始而普遍的文学体裁，重要的文艺思想都从诗出发"。朱光潜对中国古代诗和西方古典诗造诣精深，作过专门系统研究，就诗写本专著早是他想研究的"主题"。1980 年他接受一次专访时，记者问：意大利沙巴蒂尼教授认为《文艺心理学》是你的代表作，您是怎么看的？他说："我自己认为比较有点独到见解的是《诗论》。《文艺心理学》主要是介绍当时各国流行的一些学派。"他在《诗论》新版"编后记"中说得更清楚：

> 《诗论》自一九四七年（应为一九四八年）以后，一直没有单独印行。去年，三联书店建议我将《诗论》重版，对他们的盛意我十分感谢。
>
> 在我过去的写作中，自认为用功较多，比较有点独到见解的，还是这本《诗论》。我在这里试图用西方诗论来解释中国古典诗歌，用中国诗论来印证西方诗论；对中国诗的音律、为什么后来走上律诗的道路，也作了探索分析。

[1] 原载《随笔》1986 年第 6 期。

这次准备重版的过程中，在朋友们的帮助下，发现了几篇我在三十年代中期写的、早已忘记的文章，我将其中两篇：《中西诗在情趣上的比较》和《替诗的音律辩护》增补了进去，分别附于相应章节之后。对过去版本中的一些文字讹错，承张隆溪同志帮助，也一一作了订正。

对朋友们的热心帮助，在此，我一并表示衷心的感谢。

《诗论》新版本已成为北京三联书店编印的“三联精选”文库之一，《三联精选缘起》中说：“多年以来，由于推介新作，许多曾经在读书人中产生过广泛影响的书，无暇顾及重印，读者呼唤重印之声不绝。其中尤以一些出自大家之手的小书，既是厚积薄发之作，落笔为文而又平易畅达，堪称书林经典，备受读者眷顾。值三联书店成立五十周年之际，我们从半个世纪以来三联版图书中，整理甄选出一批兼具人文精神与思

朱光潜的《诗论》由北京三联书店1984年新版

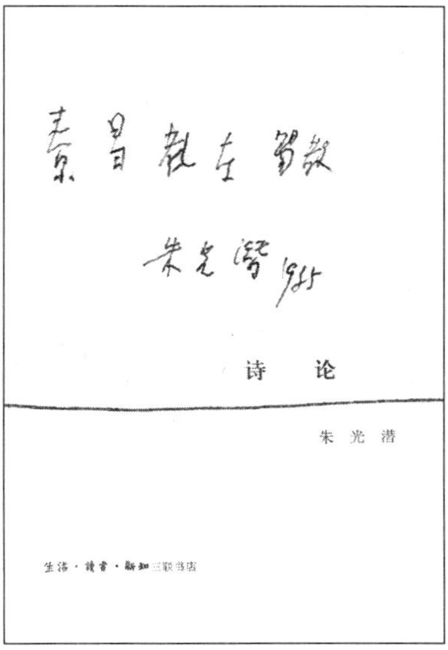

朱光潜题赠作者的最后一本自著：精装本《诗论》（1985年5月4日）

想智慧的精品；同时也遴选一些非三联原版，但品格相近的图书加入其中，辑为‘三联精选’文库。”《诗论》一书，仅1984年9月北京第1版至1998年9月北京第2版第3次印刷，累计印数已达42500册。

朱光潜很想听取各方面意见后再伺机将《诗论》作进一步修改。1986年初，他在给胡乔木的一封信中说：

> 乔木同志：
>
> 这次病又发作，承赐信垂问，也未及作复。本想寄拙著《诗论》二册，恰遇放假，没有取得存书，只有待三联书店开门的时候，才去取出寄上请教。《诗论》专就中国诗歌传统立论。从前我没有专书讲诗论，是个缺点，所以特别想请您指教。[1]
>
> 朱光潜敬启

朱先生没有时间再对《诗论》作进一步修改，我见过他自己备用的那本《诗论》上密密麻麻地批写了许多，而这个自藏本，在朱先生过世后几天，朱师母遵照朱先生的遗愿，将其赠给了胡乔木，乔木同志1986年3月14日在致朱光潜同志亲属的唁函中说，收到朱师母奚老寄赠的朱老自藏《诗论》一书，“弥增感激”。

[1]《朱光潜全集》第10卷，第734页。

知心朋友沈从文

朱光潜未了的一个心愿，是没有机会再进城去看望沈从文先生和叶圣陶先生，他带着这个遗憾走了。而从文先生却不无遗憾地在朱先生人生的最后时刻去看望了他，在朱先生不省人事的弥留之际。

朱先生自1985年起，数次因脑病和腿病入院治疗，时危时安。1986年2月我去看他时，他还开玩笑地对我说，马克思还不要我马上去报到，手头还有些事未了。朱师母说，大夫规定他“三不”：不抽烟、不喝酒、不看书。前两个“不”朱先生勉强能做到，后一个“不”绝对做不到。我那天去时，他正在室外坐在藤椅上翻看一堆报纸、杂志。朱先生读了一辈子书，离开书他是活不了的。

1986年3月4日晚，叶至善给我电话，说朱先生突然病危，不行了，叫我快去看一下，并告诉我朱先生住友谊医院高干病房5号，我即给中国作协党组书记唐达成去电话，因为朱先生是中国作协顾问，达成约我明天早上一同去。我和达成是上午9时到医院的，朱先生躺在病床上，他那双熟悉和蔼的大眼睛空睁着，散光而又无神，靠人工在呼吸。朱先生小女儿世乐的爱人在会客室告诉我们：前天上午9时朱先生大便出不来，头晕、呕吐，家人急忙去北大校医院请大夫，大夫说朱先生的医疗关系在友谊医院，11时朱师母去校医院找到一位熟悉的大夫，来家里看了叫快送友谊医院。打电话去校车队要车，定好下午2时来车，2

时未来，后改用救护车，3 时车才来，送到位于南城的友谊医院，即抢救，4 时已用人工呼吸代替。从昨天下午至晚上，国家教委、中央统战部、全国政协、民盟中央、北大等单位不断来人看望。他说看来抢救没有希望了。现在只等朱先生在安徽的子女来见最后一面。朱师母整天在家里楼上，见人就哭，家里人不让她来医院。我们谈了约二十分钟，离开医院时，又去病房看了朱先生，心里很难受。我心里想，朱先生是全国政协常委、北大一级教授，按规定，他有事是完全可以用公车的。可多年来，朱先生“自律”，极少用公车，亲属更不用，进城时多打出租，或由师母搀扶着挤公共汽车。如果常用公车，养成习惯，这回“抢救”也许会更及时些。达成感慨地说：这么一位美学老人就这样要走了。

晚饭后，我给冰心老人打电话，告朱先生病危，她听了大吃一惊，说很难过。

3 月 6 日晚，沈从文先生夫人兆和给我电话，说从文和她去见了朱先生最后一面，我说我也去医院了。她问起朱师母，我说今天上午我去了北大。我将正在写的日记中的一些情况告诉她：朱先生的遗体现存放在医院太平间。朱师母躺在床上，精神极差，见了我紧紧抓住我的手，说早就给我打电话未通，本想叫我代通知朱先生一些朋友。她说这一年都是她在跑校医院要药，她也是老人了。说着说着就哭起来了。朱师母说，朱先生有两个心愿未了，一是没有看到你们和叶老，二是未见到《新科学》出版。我在日记中还记道：朱师母说，这一年来朱先生治疗、休养得不错，大夫也这么说，发病前（星期日）还在燕南园里散步，还在练字，还在做事，大夫最后说朱先生得的不是脑血栓，是脑局部萎缩，脑子太累了。他偶尔也想抽点烟喝点酒，自以为还能再活几年。朱师母极其悲痛地说，朱先生死在不断地做事上。兆和问我，朱先生留下了什么话？后事怎样安排的？我告诉她，听朱先生家里人说，朱先生生前说过，他死后不开追悼会，遗体献给医院。兆和说他们过些时会去看朱师母。

3月7日清晨，我刚要出家门上班，接到《人民日报》文艺部主任袁鹰电话，他说朱光潜先生昨天凌晨走了，你前天去医院了，今天报上有消息。他看到的是当天《人民日报》上刊登的这条消息：

新华社北京3月6日电 著名美学家、文艺理论家和教育家朱光潜教授，因病医治无效，于今天清晨二时三十分辞世，终年八十八岁。

朱光潜生前曾担任全国政协第二、三、四、五届委员、第六届常委，民盟第三、四、五届中央委员，中国美学学会名誉会长等职。他是北京大学英语语言文学系教授。

在朱光潜病重期间，邓颖超、习仲勋、胡乔木、叶圣陶、周绍铮、李锡铭、陆平、彭珮云、李伯康和沈从文、闻家驷、吴泰昌、鲍昌等同志，曾亲自或派代表前往医院看望，表示慰问。

朱光潜1897年生于安徽省桐城县，"五四"时期即成为具有进步思想的爱国知识分子。全国解放后，他积极拥护中国共产党的领导，满腔热情地为社会主义祖国服务。

朱光潜学术造诣很深。他在晚年，努力用马列主义观点指导自己的学术研究。他的全部论著和译著共约六百多万字，为我国美学和文艺理论的发展作出了重要贡献。

朱光潜和沈从文是知心朋友，这不是什么秘密。

朱先生在文章中曾说：

我和沈从文相知已逾半个世纪，解放前我们长期在一起生活和工作，我一直是他的知心朋友。[1]

[1]《〈凤凰〉序》，《朱光潜全集》第10卷，第614页。

美学家朱光潜逝世

新华社北京3月6日电　著名美学家、文艺理论家和教育家朱光潜教授，因病医治无效，于今天清晨二时三十分辞世，终年八十八岁。

朱光潜生前曾担任全国政协第二、三、四、五届委员、第六届常委，民盟第三、四、五届中央委员，中国美学学会名誉会长等职。他是北京大学英语语言文学系教授。

在朱光潜病重期间，邓颖超、习仲勋、胡乔木、叶圣陶、周绍铮、李锡铭、陆平、彭珮云、李伯康和沈从文、闻家驷、吴泰昌、鲍昌等同志，曾亲自或派代表前往医院看望，表示慰问。

朱光潜1897年生于安徽省桐城县，“五四”时期即成为具有进步思想的爱国知识分子。全国解放后，他积极拥护中国共产党的领导，满腔热情地为社会主义祖国服务。

朱光潜学术造诣很深。他在晚年，努力用马列主义观点指导自己的学术研究。他的全部论著和译著共约六百多万字，为我国美学和文艺理论的发展作出了重要贡献。

朱光潜临终前夕，沈从文去医院向知己作最后告别，新华社电讯作了报道（刊于1986年3月7日《人民日报》）

在从文的最亲密的朋友中我也算得一个。……在解放前十几年中，我和从文过从颇密，有一段时期我们同住一个宿舍，朝夕生活在一起。[1]

沈夫人常说：“他们俩……”

朱先生对沈先生的创作是熟悉的。但越是熟悉的人评论文章越不好写，何况朱光潜和沈从文又被拴在一起被严加抨击过，1948年他们同被一位权威人士在一篇文章中斥为“蓝色的”和“粉红色的”“反动文人”。

[1]《朱光潜全集》第10卷，第491页。

1983 年沈从文在家中询问作者朱光潜近况（吴泰昌摄）

朱先生写过一些文学评论文字，但自从他主要精力投入美学论著的写作和翻译后，文学评论就很少写了。然而，在他生命末期，在集中精力翻译维柯《新科学》时，他却连续写了两篇有关沈从文创作的评论：1980 年的《从沈从文先生的人格看他的文艺风格》，1983 年的《关于沈从文同志的文学成就历史将会重新评价》，前者是杂志社的特约稿，后者是沈先生为自己的《凤凰集》出书请他写的序文。

三四十年代朱光潜和沈从文同在北大执教，一个是西语系教授，一个是中文系教授。

1937 年在北平商务印书馆创办的《文学杂志》，朱光潜是主编，沈从文是编委之一，也是实际上支持最多的一位。《文学杂志》助理编辑常风曾回忆过这段情况：

沈先生有多年编辑刊物的经验，对杂志的筹划十分积极热情，朱先生更可依赖他。他除了负责审阅小说稿件，其他稿件朱先生也都请他看。只有他们两位是看过全部稿件的。每月在朱宅开一次编辑委员会，讨论稿件取舍，决定每期登什么稿件时，沈先生发言最热烈。组织稿件他更是积极，他还一贯注意发掘有希望的文学青年，吸引他们写稿子。[1]

沈从文除了帮助举荐青年作者的稿件，自己在《文学杂志》上也发表了若干篇小说。

沈从文在《文学杂志》上发表的小说，朱光潜在同期杂志的“编辑后记”中均作了简略的评价。1937 年 5 月《文学杂志》创刊号上刊登了沈从文的小说《贵生》，朱先生同期在“编辑后记”中说：

沈从文先生在《贵生》里仍在开发那个层出不穷的宝藏——湖南边境的人情风俗。他描写一个人或一个情境，看来很细微而实在很简要；他不用修词而文笔却很隽永；他所创造的世界是很真实的而同时也是很理想的。贵生是爱情方面“阶级斗争”的牺牲者。金凤的收场不难想象到。乡下小伙子和毛丫头逼死了一个两个，只是点滴落到厄运的大海，像莎翁所说的 The rest is silence，沈从文先生的作品常留下这么一点悲剧意识。[2]

沈从文在 1937 年 6 月出版的《文学杂志》第 1 卷第 2 期上接着又发表了小说《大小阮》，朱光潜在同期“编辑后记”里又说：

沈从文先生在《大小阮》里描写“五四”前后青年中两种人物

[1]《留在我心中的记忆》，《逝水集》，辽宁教育出版社 1995 年 10 月版。
[2]《朱光潜全集》第 8 卷，第 530 页。

典型，一个伤人逃命，东奔西窜，神出鬼没煽动革命而终于丢掉脑袋的侄子，和一个讲究打香水，宿倡捧戏子，当小报编辑，成了名“作家”而回到母校当训育主任的叔父。每人都自信对人生有正确信仰而实在又同样地糊涂。世界成天在变。小阮成了“烈士”，大阮当了训育主任，而学校里当年提灯照他们爬墙的老更夫却依然在炖狗肉下烧酒。从题材，作风以及作者对于人物的态度看，《大小阮》在沈先生的作品中似显示转变的倾向。讽刺的成分似在逐渐侵入他素来所特有的广大的同情。正因为这层，他的观察比以前似更冷静深刻。[1]

1981 年湖南人民出版社出版的《沈从文小说选》中共收小说二十二篇，和《边城》并列在一起的就有《贵生》，而这本选集是由出版社先挑选后经作者本人过目同意的。在 1982 年花城出版社和三联书店香港分店出版的《沈从文文集》中，作者也保留了《贵生》和《大小阮》。

朱光潜对沈从文的小说除单篇作过评价，还对他在小说上的成就有自己的评价。他 1948 年 1 月在《文学杂志》第 2 卷第 8 期《现代中国文学》一文中说：

小说的成绩似比较好，原因或许是小说多少还可以接得上中国的传统。而近来所承受的外来影响大体上是写实主义，这多少需要实际人生的了解和埋头苦干的功夫。鲁迅树了短篇讽刺的规模，沈从文、芦焚、沙汀诸人都从事于地方色彩的渲染，茅盾揭开都市工商业生活的病态，巴金发掘青年男女的理想和热情。这些人的作品至少有一部分在历史上会留下痕迹的。[2]

[1]《朱光潜全集》第 8 卷，第 548 页。
[2]《朱光潜全集》第 9 卷，第 328 页。

因众所周知的原因，朱光潜先生对沈从文的创作缄口沉默了多年。1980 年，时年八十有三的他重拿起笔谈到了沈从文。他在《从沈从文先生的人格看他的文艺风格》文中说：

> 《花城》编辑同志远道过访，邀我写一篇短文谈沈从文先生的作品。我对文学作品向来侧重诗，对小说素少研究，还配不上谈从文的小说创作，好在能谈他的小说的人现在还很多。我素来坚信“风格即人格”这句老话，研究从文的文艺风格，有必要研究一下他的人格。
>
> 谈到从文的文章风格，那也可能受到他爱好民间手工艺那种审美敏感影响，特别在描绘细腻而深刻的方面，《翠翠》可以为例。这部中篇小说是在世界范围里已受到热烈欢迎的一部作品，它表现出受过长期压迫而又富于幻想和敏感的少数民族在心坎里那一股沉忧隐痛，《翠翠》似显出从文自己的这方面性格。他是一位好社交的热情人，可是在深心里却是一个孤独者。他不仅唱出了少数民族心声，也唱出了旧一代知识分子的心声，这就是他的深刻处。

沈从文先生是我崇敬的一位前辈作家。从上世纪 60 年代中期起，我和沈夫人张兆和同在中国作协工作，由于她的引见，我开始与沈先生有点接触。1978 年后，由于工作等原因与他接触稍多些。我每次见到沈先生和沈夫人，他们都问起朱先生的近况，身体怎样，又在写什么，译什么，而我每次见到朱先生，他也同样关心沈先生的近况。

朱先生出版了新著，怕邮寄丢失或损坏，几次嘱我代送给沈先生。有次他要我转送一本《诗论》给沈先生，我说前不久您送给他了，他说这本是新到的精装本。1982 年 4 月沈先生签名送了我一套《沈从文文集》，共十二卷，沈夫人请我将早已包装好题签了的一套转送给朱先生，她说，单本的我们寄了，这套太重，邮寄不方便，烦你辛苦一下。有时朱先生将签名送我的书寄到沈家，沈夫人再转寄给我。1983 年 2 月，人民文学出版社出版了朱先生由英文译成中文的半个世纪前写的旧著《悲剧心理学》。朱先生认为这部旧著“似已不合时宜”，但对了解他的美学思想、人生观和文艺界多年讨论的一些老问题多少有些意义，他说：

> 这不仅因为这部处女作是我的文艺思想的起点，是《文艺心理学》和《诗论》的萌芽；也不仅因为我见知于少数西方文艺批评家，主要靠这部外文著作；更重要的是我从此较清楚地认识到我本来的思想面貌，不仅在美学方面，尤其在整个人生观方面。一般读者都认为我是克罗齐式的唯心主义信徒，现在我自己才认识到我实在是尼采式的唯心主义信徒。在我心灵里植根的倒不是克罗齐的《美学原理》中的直觉说，而是尼采的《悲剧的诞生》中的酒神精神和日神精神。那么，为什么我从 1933 年回国后，除掉发表在《文学杂志》的《看戏和演戏：两种人生观》那篇不长的论文以外，就少谈叔本华和尼采呢？这是由于我有顾忌，胆怯，不诚实。读过拙著《西方美学史》的朋友们往往责怪我竟忘了叔本华和尼采这样两位影响深远的美学家，这种责怪是罪有应得的。现在把这部处女作译出并交付出版，略可弥补前愆，作为认罪的表示。我一面校阅这部中译本，一面也结合到我国文艺界当前的一些论争，感到这部处女作还不完全是“明日黄花”，无论从正面看，还是从反面看，都还有可和一些文艺界的老问题挂上钩的地方。知我罪我，我都坚信读者群众的雪亮的眼睛。[1]

沈夫人张兆和将朱先生送我的《悲剧心理学》转寄给我，并附了一封短信：

[1]《朱光潜全集》第 2 卷，第 209—210 页。

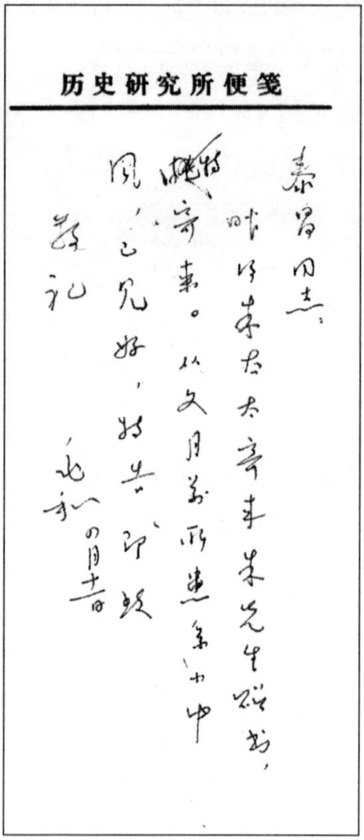

沈从文夫人张兆和转寄朱光潜赠作者《悲剧心理学》信（1983 年 4 月 11 日）

泰昌同志:

昨收朱太太寄来朱先生赠书，特寄来。从文目前所患系小中风，已见好，特告。

即致敬礼

兆和

四月十一日

我知道沈夫人的心意，是让我见到朱先生时转告沈先生的病“已见好”。朱先生和沈先生就是这样相互牵挂。沈先生比朱先生小六岁。

上世纪 80 年代初，沈先生常在病中，虽然房门上贴了“遵医嘱谢绝会客”的字条，每次我去沈夫人都是欢迎的。1981年沈老为我写了张字，兆和来信叫我去取。那时沈先生还能清晰地言谈。我是下午3点去的，谈到4点多。兆和为我们准备了点心，沈老吃着吃着突然心脏病发作，坐在沙发上，吓慌了我们，兆和忙拿药，又用凉手巾敷在他的额上，等稳定后，我才悄声离去。第二天才知道，当天夜里沈老就住院了。从那之后，我就不大敢去看望他，有时去也是默默地坐一会就走。崇文门三居室比起东堂子胡同斗室来，总算有个狭小拥挤的客厅可以安定地坐下来，即使不谈话，也能从容地观察到沈老神情的变化。他常含微笑，但不总是微笑，有时沉默得有点气愤，有时激动得有点紧张。他虽多年自觉地躲离文坛，但文坛的干扰却不断地烦扰他……1983年，湖南一家文学杂志以醒目的标题发表了朱光潜的《关于沈从文同志的文学成就历史将会重新评价》一文。湖南是沈老的家乡，沈从文的创作当时已在文学界重新估价中，发表这篇文章本是很平常的。但由于是朱光潜写的文章，出来后引起注意，有些不同意见，陆续汇拢到《文艺报》来。加上当时文艺界气氛比较紧张，有人认为朱文代表一种思潮，否定现代革命文艺传统。我工作的单位《文艺报》当时就准备发表一篇文章，就这个问题表态。这个任务刚巧落到我头上，拖延了一阵后，我不得不认真考虑这篇文章如何去做。我去朱先生那里问了问该文的写作情况。朱先生说，1982年6月他和沈从文参加一次全国政协会议，同住一室，他说“不知谁把我和从文分到一个屋子里睡”，时间不短，前后有十天，这是个极难得的谈心机会，他俩好久好久没有这样愉快地交谈了。解放前，沈先生全家曾在朱先生家住过，朝夕相处，聊的机会自然多。解放后，沈先生离开北大，住得远了，各人有各人的事做，彼此又各有郁闷，亲密交谈的机会也就少了。朱先生告诉我，这次会余的时间，他俩基本都在房间里。湖南要给沈从文出本选集，从文希望他写篇序言。沈先生在给友人的一封信中也说：“孟实兄（朱光潜先生）今年似八十过四，不久前同住一室约十天，一般说来还健好。”朱

朱光潜（左）与沈从文 1982 年 6 月在全国政协会议上

先生当时正在抓紧翻译维柯的《新科学》，身体又虚弱，但有数十年交情的老友提出这个要求，他绝不能谢绝。而且他长期感觉沈从文的文学成就很有必要重新评价，所以他草就了一篇短文，请沈先生看看是否合适，待沈先生看后，再斟酌定稿。当他拿到发表这篇文章的刊物后，重看了一遍，发觉文中个别提法（如海外现在只公认沈从文和老舍）的确不妥。他说他写这篇文章的原意只是希望正确评价沈从文的文学成就，绝不是想否定或贬低其他作家的成就，这不符合他对中国现代文学的一贯看法，但他这样引述海外人士的意见，客观上容易造成这种印象，他为此深感不安。那段时间，我正在为他编选一本集子，交谈较多，他有时谈到一些作家的成就，如郁达夫、田汉的旧体诗词写得很好，巴金的《随想录》使他想起鲁迅的杂文，作用、价值不能低估。他笑着说，人老了，有时词不达意，文章拿出去之前要多看两遍，这是个教训。现在写作思想不像以前集中，写着写着就跑题了。他担心因为这篇文章给沈先生带来压力，他说可以写文章公开自我批评，但不希望影响对沈从文创作正常的评价。我说《文艺报》可能发表不同意见的文章，他说这很好。临走时，他又叮嘱我最近去看看沈先生。过了几天，我去看沈先生。关于朱文的反应他已听说了，他说这篇文章发表给朱先生带来了麻烦，他很不安。他有点激动，激动中有点紧张。兆和把我叫到另一间小屋，说湖南来人要稿子，拿走之前原说暂不发表的。她说沈先生听说报纸要发批评文章，觉得对不起朱先生。我告诉她，前些天我去看了朱先生，朱先生知道这事了，他欢迎有不同意见的文章，说给沈先生带来了麻烦，他不安。兆和叹道："他们俩……"我向《文艺报》领导谈了自己的看法，同意从引用海外人士意见要慎重的角度，指出朱文的不足。我化名"张静"写了篇千字文作为"读者来信"，"来信"中并没点出朱光潜的名字。朱先生、沈先生都看了这封"读者来信"，当时我没有向他们说明这是我写的。

上世纪70年代末起，远离文坛三十年的沈从文作品的重版、评论、研究，成了一种热门。除报刊上的文章外，作家之间也多有谈论，甚至在一些接待外宾的场合，也有外国作家问起对沈从文创作的评价问题。1983年7月27日上午，我和叶君健去国际俱乐部参加与阿根廷著名作家蒙拉特先生的座谈。叶君健主谈，我介绍了中国当前文学状况。下午6时半，中国作协副主席艾青在和平门烤鸭店宴请蒙拉特先生，阿根廷驻华使馆公使参加，中方参加的有陈荒煤、朱子奇、叶君健、我和陈明仙等。蒙拉特先生当年七十六岁，创作精力旺盛，写了一百二十四部电影剧本，三十三部文学作品集。席间，客人广泛地询问起中国文学，说《红楼梦》在拉美很有影响，他问起沈从文在中国目前文学界的地位，主人艾青请叶君健先生谈这个问题。君健先生说，他本人爱读沈从文的作品，沈从文的小说很有特色、影响大，但气势不够，是"大家"还是"名家"，有不同的看法。艾青在叶君健说完后补充说，这只是叶先生个人的看法，沈从文的作品是有影响的，至于是什么“家”，一个人说了不能算，让大家去说，历史去说。季羡林说沈从文是“著名的作家”，他非常怀念“这一位可爱、可敬、淳朴、奇特的作家”，他在1988年11月写的《悼念沈从文先生》文中说：

> 我认识沈先生已经五十年了。当我还是一个大学生的时候，我就喜欢读他的作品。我觉得，在所有的并世的作家中，文章有独立风格的人并不多见。除了鲁迅先生之外，就是从文先生。他的作品，只要读上几行，立刻就能辨认出来，决不含糊。……湘西如果没有像沈先生这样的大作家和像黄永玉先生这样的大画家，恐怕一直到今天还是一片充满了神秘的terrain cognita（没有人了解的土地）。
>
> 有点讽刺意味的是，正当他手中的写小说的笔被“瞥”掉的时候，从国外沸沸扬扬传来了消息，说国外一些人士想推选他做诺贝尔文学奖金的候选人。……沈先生怎样想，我也不得而知。[1]

沈先生怎样想的呢？他认为自己的旧作重印“绝不宜寄托任何不符实际幻想”。常风在《留在我心中的记忆》文章中说：

> 1982年9月初我收到他寄赠的人民文学出版社出版的《从文自传》和《沈从文小说选集》。他收到我道谢的信后，于9月23日寄我一封信。他说“得信，知寄书收到。其实全部均为四五十年前过去习作。半世纪来社会一切已显明起了基本变化，近年这些过时旧作复有重印机会亦绝不宜寄托任何不符实际幻想。至多不过起些点缀作用而已。今年预计可编成二十本（可能印出十本），分别

[1] 原载1989年4月1日上海《文汇报》。

在各处付印。估计在四川印行的五本，内容比较整齐。长沙所印二集，均为涉及家乡故事。家乡人感兴趣，亦有限度，因三十年来地方人事山水，均变化极大，三十岁青壮一代，只是对于家乡出了个沈××，近于奇迹，可不知奇迹中的种种经过，平凡而且痛苦为何如也”。

朱光潜和沈从文对文艺、人生有着许多相同或相近的看法。许多人对解放后沈从文放弃写小说，转向文物考古研究不理解，表示可惜，沈从文本人并不这么认为。1980年11月24日，他在美国圣若望大学发表题为《从新文学转到历史文物》的讲演中说：

我借此想纠正一下外面的传说。那些传说也许是好意的，但不太正确，就是说我在新中国成立后，备受虐待、受压迫，不能自由写作，这是不正确的。实因为我不能适应新的要求，要求不同了，所以我就转到研究历史文物方面。从个人认识来说，觉得比写点小说还有意义。因为在新的要求下，写小说有的是新手，年轻的、生活经验丰富、思想很好的少壮，能够填补这个空缺，写得肯定会比我更好。但是从文物研究来说，我所研究的问题多半是比较新的问题，是一般治历史、艺术史、作考古的、到现在为止还没有机会接触过的问题。我个人觉得：这个工作若做得基础好一点，会使中国文化研究有一个崭新的开端、对世界文化的研究也会有一定的贡献。[1]

朱光潜也持有类似的看法。他说：“从文暂不写小说而专心文物考古，是迫于分工的需要，决不是改行。”并认为从文“在历史文物考古

[1]《沈从文文集》第10卷，第334—335页。

方面的卓越成就，也只会提高而不会淹没或降低他的文学成就”。

解放后，特别是“文革”以后，海外对朱光潜、沈从文的遭遇颇多关注，纷纷揣测。他们两人均以不同方式公开答复澄清。朱光潜 1974 年 1 月 19 日在香港《大公报》发表了《新春寄语台湾的朋友们》，坦率地写道：“庆幸当年未跟你们走”，“当年留下确有思想顾虑”，“新旧对比深切感到自豪”，并告诉朋友们刚“译完黑格尔的三卷《美学》”，“希望老朋友们认清形势，为国家民族的利益，为你们自己个人的利益，为解放台湾，统一祖国大业作出自己的努力”。朱光潜最后写了首顺口溜：

> 大陆和台湾，盈盈一水隔，
> 本是一家人，胡为久离别？
> 祖国好河山，红日东方起，
> 是你弃了它，不是它弃你，
> 金瓯不许缺，八亿人公誓，
> 团结力量大，欢迎你归队，
> 爱国无先后，革命是同志，
> 翘首望南天，归帆何日至？[1]

朱光潜的《关于沈从文同志的文学成就历史将会重新评价》一文，发表在《湘江文学》1983 年第 1 期。为了说明问题，文章不长，不妨全文转录如下：

> 我和沈从文相知已逾半个世纪，解放前我们长期在一起生活和工作，我一直是他的学生和知心朋友。解放后他在城里搞文物考

[1]《朱光潜全集》第 10 卷，第 427 页。

古工作，我一直留居乡下当教书先生，往来就很少。我一向惋惜他改了行，虽然他在文物考古方面取得了很卓越的成就，我总不免感到他“改行”对新文学是个可惋惜的损失，这次在四届文联全委会中我碰巧和他同房，促膝谈心的机会较多，他细谈了他最近在湖北江陵参观一座新发现的坟墓的发掘整理工作情形，和所发现的珍贵丝织刺绣文物，在文化史方面所具有的重要意义，那种激昂赞叹的心情仍不减当年，令我想起：“道逢麴车口流涎”和“大人者不失其赤子之心”那些老话来，私幸他一定长寿，并且前途无量。我近几年因译维柯的《新科学》，在研究古代原始社会，过去这方面知识太差，处处都感到“捉襟见肘”，就向他提出一些关于古代社会的问题，他不但引证他自己在研究文物中所取得的收获和启发，作了令人信服的解答，而且还指导我去看我国最近社会科学工作者在这方面的新论著，取得的不同的新成就。我从中认识到研究文学和美学已不能画地为牢，闭关自守，考古和研究古代社会也还是分内事，从文暂不写小说而专心文物考古，是迫于分工的需要，决不是改行。

散会回校后，我立即把从文送给我的《从文自传》(后附黄永玉画家的回忆录)读了一遍，对从文的文学成就稍有进一步的认识。他前半生一直在上学，受过严格的军事训练，小时是个相当顽皮的孩子，后逃学打架、泅水、爬城墙，爱探听穷苦人民怎样过生活，工人们怎样造纸、造锅碗，小商贩们怎样做买卖。他总结自己写的散文说：“我上许多课，仍然不放下那一本大书。”指的就是深入人民群众的实际生活，他在《边城》题记里说他“对于农民、手工艺人与兵士，怀了不可言说的温爱”，因为他一生都在和穷苦的人民同呼吸，共命运，他能苦中作乐，乐中也嚼出苦味来，他亲身经历过近代中国的几次大骚动和大改革，从满清那些败家子的胡作非为，北洋军阀的混战，直到五四运动以及孙中山和毛主席在艰难岁月里进行的以民主与社会主义为目标的革命，终于解放了全中国，从文先以边城穷乡的一个苗族的“老战兵”和司书，后以北京和青岛两大学的文学教师和文学编辑，带着一副冷眼睛和热心肠，一直孜孜不倦地废寝忘食地把亲身见证和感受到的一切，用他那一管流利亲切的文笔记录下来，赢得了广大读者的爱戴和专业同道的器重，决不是偶然的，他的刻苦习作的精神永远是青年作家的榜样。

当然，对从文不大满意的也大有人在，有人是出于私人恩怨，那就可“卑之无甚高论”。也有人在“思想性”上进行挑剔，从文坦白地承认自己只要求“作者有本领把道理包含在现象中”，“接近人生时绝不是所谓道德君子的感情”。我自己也一向坚持这种看法，所以对从文难免阿其所好，因此我也很欣赏他明确说出的下列理想：

“这世界上或有想在沙基上或水面上建造崇楼杰阁的人，那可不是我，我只造希腊小庙，选山地作基础，用坚硬的石头堆砌它，精致，结实，匀称，形体虽小而不纤巧，是我理想的建筑。这神庙供奉的是‘人性’。”我相信从文在他的工作范围内实现了这个理想，我特别看出他有勇气提出“人性”这个蹩扭倒霉的字眼，可能引起“批判”，好在我们仍坚持“双百方针”，就让仁者见仁，智者见智吧！在真理的长河中，是非就终究会弄明白的。

于今文学批评家们爱替作家们戴些空洞的帽子，这人是现实主义者，那人是浪漫主义者，这人是喜剧家，那人是悲剧家，如此等等，我感觉到这些相反的帽子安在从文头上都很合适，这种辩证的统一正足以证明从文不是一个平凡的作家，在世界文学史中终会有他的一席地。据我所接触到的世界文学情报，目前在全世界得到公认的中国新文学家也只有从文和老舍，我相信公是公非，因此有把握地预言从文的文学成就，历史将会重新评价，而他在历史文物考古方面的卓越成就，也只会提高而不会淹没或降低他的文学成就。

我化名“张静”写的《对外国学者的意见也要分析》的“读者来信”，发表在《文艺报》1983年第2期：

编辑同志：

最近读了一篇关于沈从文同志的文学成就历史将会重新评价的文章，有些想法。首先，我觉得这篇文章提出这个问题很必要。由于受“左”的思想影响，我国现代文学研究中长期存在着简单化的倾向，一些艺术上有特色有成就、创作倾向较为复杂作品往往被忽略、否定。沈从文确实受到了不公正的待遇。现在情况有所好转。只要我们坚持实事求是的学风，对沈从文以及类似情况的其他作家在中国新文学史上的地位，必将得出适当的评价。

但是，这篇文章在介绍国外学者的意见时，说到目前在全世界得到公认的中国新文学家只有沈从文和老舍。作者未必赞同这个意见，但我觉得这个意见偏颇，值得商榷。

我虽孤陋寡闻，对世界文学动态不甚了解，但也听说，许多国家公认已故的鲁迅、郭沫若、茅盾这几位大师在世界文学史中的地位。即如健在的巴金，1979年当他访法时，法国文学界就公开称赞他是当今世界上少有的几位伟大作家之一。去年意大利还授予他但丁文学奖。可见，我国被世界公认的新文学家绝非只有二人。

这里有个如何正确对待国外学者意见的问题。由于政治观点、艺术主张的不同，以及掌握第一手资料的局限，使他们往往难以客观地总结我国新文学发展的历史。比如，近年国外流行的美籍华人夏志清教授著的《中国现代小说史》，虽然掌握一定材料，对国内研究不够的某些作家、作品给予了评价（尽管评价的高低仍可讨论），多少弥补了我们研究中的一些不足。但是，这部小说史，由于著者的政治偏见，对以鲁迅为旗帜的新文学主潮的代表作家有意贬低，甚至有所嘲弄，而对张爱玲这样的作家却大加赞赏，这难道公平，难道符合中国新文学发展的历程？这种根本立场、态度，我们难道能接受？可见，某些国外的学者持有这样那样的见解，不值得奇怪，问题在我们自己如何对待。他们的研究成果只能是我们研究时的借鉴、参考，绝不能全然搬过来当作我们的结论。

以上意见不一定正确。目前现代文学研究相当活跃，观点也很分歧。我觉得《文艺报》应该在这方面发表点意见，不仅促进现代文学研究的健康发展，而且对当前文学创作也有助益。这两年贵刊发表这类文章太少太少了。

朱先生看过《文艺报》这封“读者来信”后，曾对我说：你们的这个提醒我可以接受，文章可以做些删除，这本是为从文一个集子写的代序，我和从文商量过，已通知出版社出书时用我删改过的稿子。以后我自己集子也用删改过的。但是，他坚持说，沈从文的文学成就历史会重新评价的。排名次、排座位没有必要，我和从文一直持反对态度，至于那些笔墨官司历史也会自有公断。

1993 年 2 月出版的《朱光潜全集》第 10 卷中未收《关于沈从文同志的文学成就历史将会重新评价》一文，“全集”编者注说“此文与此序文（指《凤凰》序）文字基本相同，故不收”。朱光潜将《关于沈从文同志的文学成就历史将会重新评价》作了如下的删略：

……这神庙供奉的是“人性”。……我特别看出他有勇气提出“人性”这个蹩扭倒霉的字眼，可能引起“批判”，好在我们仍坚持“双百方针”，就让仁者见仁，智者见智吧！在真理的长河中，是非就终究会弄明白的。

据我所接触到的世界文学情报，目前在全世界得到公认的中国新文学家也只有从文和老舍……

1982年10月18日，北京大学举办庆贺朱光潜教授从教六十周年座谈会，沈先生因故没有出席。当时他就向朱先生表示祝贺。后来他曾对我说："朱先生一辈子辛苦教书，做了许多事，学生记着，书里写着，朋友们清楚，我常挂念他，争取一起多活几年。"

如今，朱光潜先生、沈从文先生已作古，许多打笔墨官司的当事人也已作古，可以说"盖棺论定"。历史对他们各自对中华民族文化所做过的业绩都在加以历史的实事求是的不断检验和评判。2006年1月人民文学出版社出版的朱光潜译的《歌德谈话录》封二上有则广告，标明教育部《普通高中语文课程标准》推荐书目高中部分中有沈从文的《边城》，朱光潜的《谈美书简》和朱光潜译的《歌德谈话录》两种。推荐书目的目次是："论语通译／孟子选注／庄子选译／三国演义／红楼梦／西厢记／呐喊／鲁迅杂文精选／子夜／家／茶馆／雷雨／边城／女神／朱自清散文精选／围城／谈美书简／平凡的世界／历史的天空／二十世纪中国短篇小说精选／二十世纪中国戏剧精选／哈姆莱特／堂吉诃德／歌德谈话录／巴黎圣母院／欧也妮·葛朗台／匹克威克外传／复活／普希金诗选／泰戈尔诗选／莫泊桑短篇小说精选／契诃夫短篇小说精选／欧·亨利短篇小说精选／二十世纪外国短篇小说精选／高中生必背古诗文40篇／文学名著导读（高中版）。"

这个例证，使我想起被朱光潜删去的《关于沈从文同志的文学成就历史将会重新评价》一文中的这句话："在真理的长河中，是非就终究会弄明白的。"

《艺文杂谈》编选琐记

1980 年春，安徽人民出版社编辑人员来京，谈起他们拟出版几本家乡名家的散文随笔集。他们首先去北大拜望了朱光潜教授。乡情难却，朱先生欣然允诺了。朱先生其时已八十三岁高龄，又正在着手翻译 18 世纪意大利历史哲学家维柯的代表作《新科学》，时间确实有限，经出版社与朱先生相商，决定委托我来承担这本书的编选工作。

朱先生是我在北大学习期间敬重的业师之一，我听过他讲美学的课，做研究生时又在他寓所听过他关于西方美学史的辅导。能为老师出点力，做点什么，我是乐意的。1980 年初夏的一天，光潜老师来信约我去他燕南园寓所面谈出版随笔集这件事。他说，这个选本，“内容可广泛些”，不可能不炒点冷饭，可从他过去出的集子里选一些，但又不能全是冷饭。他提示我一个重要线索，解放前夕他在北平和天津报刊上，包括他主编的《文学杂志》和天津《民国日报》文艺副刊上发表过不少这类短文，解放后也写过一些，从未结集出版过，从这些文章中可以筛选一些。不过，他笑嘻嘻地说：这些报刊我手头大多没有，有哪些文章我也记不太清楚了，只好辛苦你去查找。此后，我数次去北大图书馆旧报纸期刊阅览室，搜集、复印了三四十篇他的文章，经他挑选，收入《艺文杂谈》中。

在编选过程中，朱先生随时将想到的篇目用铅笔写在纸上，给我做

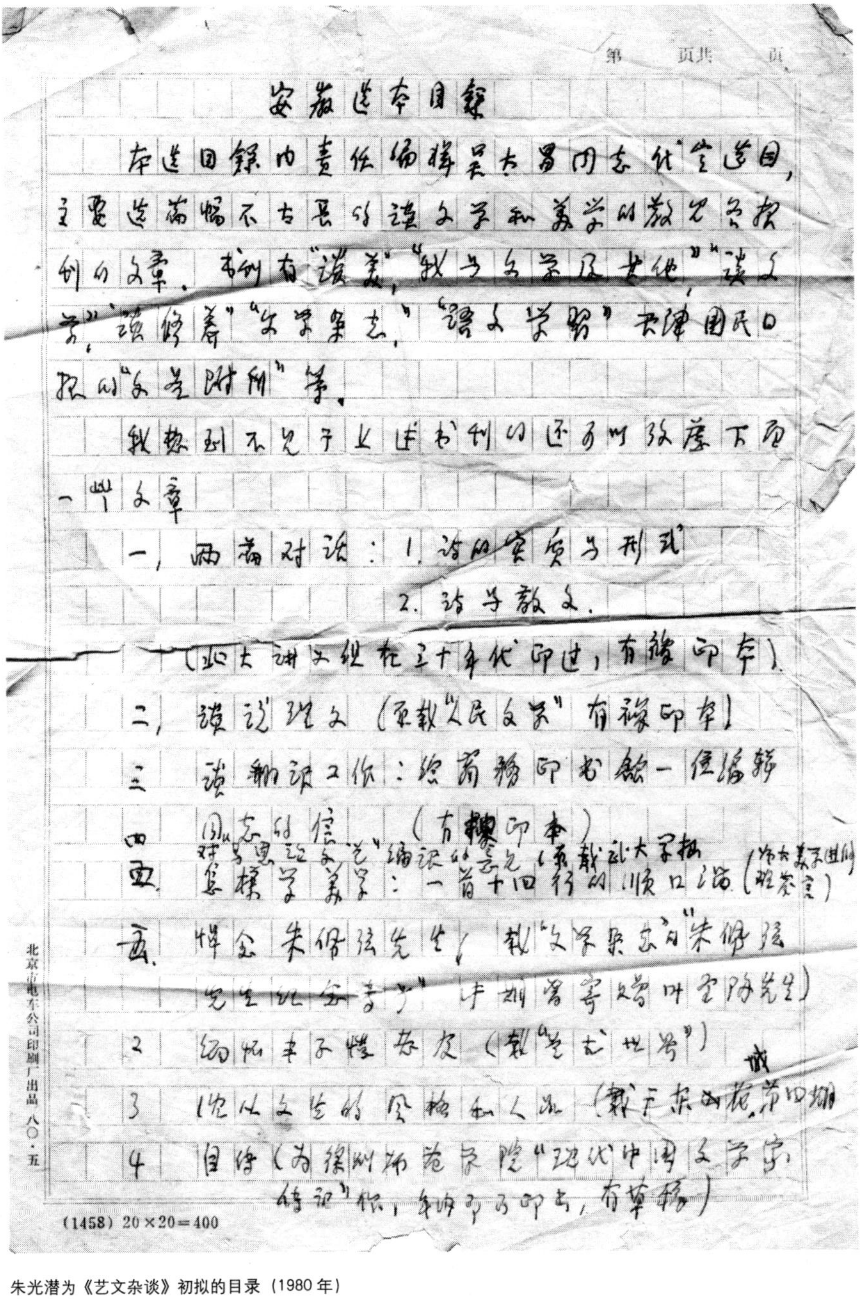
第　页共　页

安徽选本目录

本选目录由责任编辑吴大勇同志代定选目，主要选篇幅不长足以谈文学和美学的散文和杂剧的文章。书刊有"谈美"、"我与文学及其他"、"谈文学"、"谈修养"、"文学杂志"、"谈文学习"、天津国民日报的"文学附刊"等。

我想到不见于上述书刊的还可以采摩下面一些文章

一、两篇对话：1. 诗的实质与形式

2. 诗与散文。

（北大讲文组在三十年代印过，有复印本）

二、谈谈群众（原载"人民文学"有複印本）

三、谈翻译工作：给商务印书馆一位编辑同志的信。（有复印本）

四、对"思想文艺"编读的意见（原载北大学报）

~~四~~ 五、怎样学美学：一首十四行的顺口溜（师大美学组团刊程登宝）

~~五~~ 悼念朱佩弦先生（载"文学杂志"的"朱佩弦先生纪念专号"，中附有寄赠叶圣陶先生）

2 缅怀丰子恺先生（载"艺术世界"）

3 沈从文先生的风格和人品（载于"花城"第四期）

4 自序（为徐州师范学院"现代中国文学家传记"作，年内可以印出，有草稿）

北京市电车公司印刷厂出品 八〇·五

(1458) 20×20=400

朱光潜为《艺文杂谈》初拟的目录（1980年）

参考。至今我还保存了一张他写的“选本”的最初目录提纲：

安徽选本目录：本选目录由责任编辑吴泰昌同志代定选目，主要选篇幅不太长的谈文学和美学的散见各报刊的文章。书刊有《谈美》、《我与文学及其他》、《谈文学》、《谈修养》、《文学杂志》、《语文学习》、天津《国民日报》（应为《民国日报》）的“文艺副刊”等。

我想到不见于上述书刊的还可以考虑下面一些文章：

一、两篇对话：

1．诗的实质与形式；

2．诗与散文（北大讲义曾在三十年代印过，有复印本）。

二、谈说理文（原载《人民文学》有复印本）；

三、谈翻译工作：答商务印书馆一位编辑同志的信（有复印本）；

四、对《马恩论文艺》说编译的意见（原载《武汉大学学报》）；

五、怎样学美学？一首十四行的顺口溜（师大美学进修班发言）；

六、悼念朱佩弦先生（载《文学杂志》朱佩弦先生纪念专号）（此期曾寄赠叶圣陶先生）；

七、缅怀丰子恺老友（《艺术世界》）；

八、沈从文先生的风格和人品（载广东《花城》第四期）；

九、自传（为徐州师范学院“现代中国文学家传记”作，年内即出书，有草稿）。

读着光潜老师的这张草稿，使我感到他做事极为认真，为他人考虑周到，同时又感到他凭记忆写，记忆力是大体不差的。朱先生对拟收的文章，都重新看一遍，出版社责任编辑在发稿时，向朱先生提出了一些识辨不清的或弄不明白的地方，朱先生也一一作了书面的答复。他在1981年9月10日给我的信中说："昨日上午赴康德黑格尔纪念会，下午吃不消，就回家了，看到来信，复数语：'自序'究哪家发刊，悉凭尊意决定。'文汇'本早已有往来，有京沪读者都可看到的好处。'随想录'已再校一遍，除了几个错排的地方，（上）文末可删去，因为本不必要。'薰烟鼓'是实验室一种小机器，试针在圆形薰烟小鼓上画脉搏运动的痕迹，是否有用纸的，我不知道。"

朱先生不指责人、批评人，但他做事的一丝不苟，实际上在批评人、提醒人。朱先生叫我用新出的好版本校正他过去写的文章中的引文，我去做了，有次我给他寄的一批已校订的文章中，有几篇引文未及校订，他发现后来信叫我将这几篇校订完了再寄他看，我深责自己的疏忽大意。

1981年4月初，我将编就的《艺文杂谈》文稿、封面设计并他嘱我写的编后记一并送给他阅定。过了些天，他给我寄来了刚赶写出来的"序言"。他在"序言"中说："我大致校阅了一遍，觉得编得很好，命名也很恰当。"我在"编后记"原稿上原来写"这本书大体上编得可以"，他改为"大体上编得好"。他喜欢丁聪设计的封面，他说，我信得过他，朴素大方，合我心意。当看到丁聪为他速写的头像时，他瞪大着眼看了又看，连声说：这个丁聪，这个小丁……同年8月，该书责任编辑曾石玲来信说，书即将付梓，问作者最后是否还有改动，我即去信给光潜老师，转告了出版社的意见。他在8月14日给我的信中说：

> 暑假中我一直忙于开会，《艺文杂谈》校样，承您全部核校，当永铭感。改动或保留个别字句，当悉凭尊意决定，是否提前宣传，将序文在报刊上发表，也是如此。近日天气仍闷热，本月五日回校后即未外出，稍凉时仍续译校改维柯的《新科学》，大约要到

朱光潜著《艺文杂谈》由丁聪设计封面（1981年安徽人民出版社出版）

丁聪为朱光潜速写的肖像

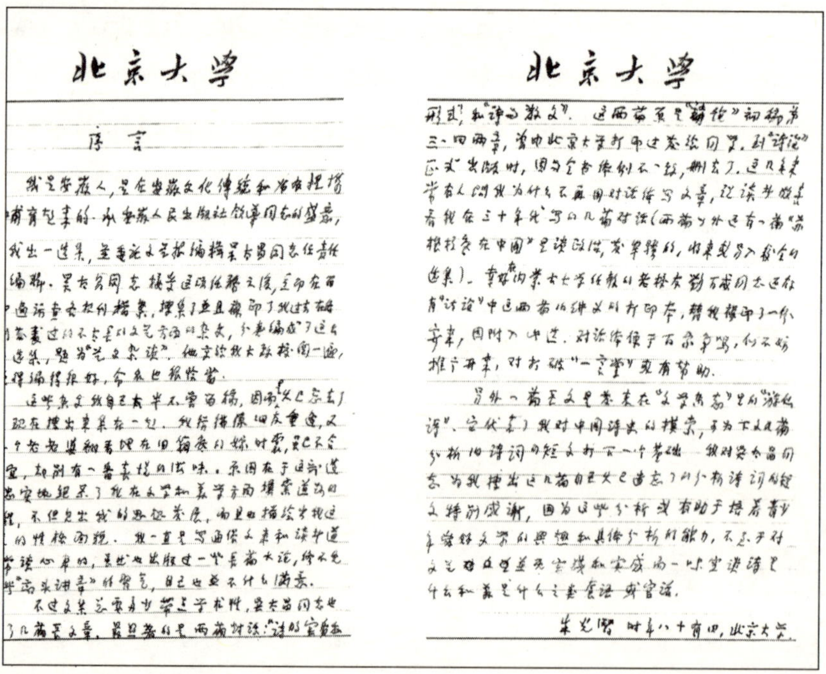

北京大学

序言

我是安徽人，是在安徽文化传统和当地旧式教育中长大的。承安徽人民出版社领导同志的盛意，[illegible]我出一选集，并委托文艺编辑室吴长发同志任责任编辑。吴长发同志接受这项任务之后，立即在百忙中遍访查书刊档案，搜集了并且复印了我过去在[illegible]登载过的不少长长短短的文艺方面的杂文，分类编成了这么[illegible]选集，题为"艺文杂谈"。他定稿后我大略检阅一遍，[illegible]得编得很好，命名也很恰当。

这些杂文我自己大半不曾留稿，因而早已忘去了，现在搜出来集在一起，我仿佛像旧友重逢，又[illegible]个老妪翻看埋在旧箱底的嫁时裳，虽已不合[illegible]宜，却别有一番喜悦的滋味。原因在于这部选[illegible]忠实地记录了我在文学和美学方面摸索道路的[illegible]程，不但见出我的思想发展，而且也描绘出我过[illegible]的性格面貌。我一直是写通俗文章和谈中[illegible]学诗心得的，虽然也出版过一些长篇大论，终不免[illegible]些"高头讲章"的习气，自己也并不怎么满意。

不过这集子也有几篇带点学术性，要感谢吴长发同志也[illegible]了几篇这类文章。最显著的是两篇对话："诗的实质与

北京大学

形式"和"诗与散文"。这两篇原是"诗论"初稿第三、四两章，曾由北京大学印出过若干份。到"诗论"正式出版时，因与全书体例不一致，删去了。这几年来常有人问我为什么不再用对话体写文章，让读者能看看我在三十年代写的几篇对话（两篇之外还有一篇"[illegible]在中国"是谈[illegible]的，[illegible]收入本全集的选集）。幸好在内蒙古大学任教的老校友刘[illegible]同志还存有"诗论"中这两篇的讲义油印本，替我复印了一份寄来，因附入本选。对话体便于百家争鸣，似不妨推广开来，对于破"一言堂"或有帮助。

另外一篇[illegible]在"文学杂志"上的"游仙诗"、[illegible]了我对中国诗史的探索，可为下文几篇分析旧诗词的短文打下一个基础。我对[illegible]同志为我搜出这几篇自己久已忘了的分析诗词的短文特别感谢，因为这些分析或有助于培养青少年欣赏文学的兴趣和具体分析的能力，不至于对文艺[illegible]空谈和[illegible]，[illegible]什么和为什么之类套话或官话。

朱光潜 时年八十有四，北京大学

《艺文杂谈》序言原稿笔迹

明冬才可改定。年老记忆力特差，往往极普通的本国字都忘记怎样写了，所以进度极慢。每天尚坚持散步运动，健康情况如常，当堪告慰。秋凉后如下乡到北大，希过我小酌谋畅谈。

朱光潜在专治美学长篇译著的同时，写有大量通俗性的有关美学、文学的随笔、杂论。他的这类文章有见解，有知识，笔调亲切活泼，长期为广大读者所喜爱。《艺文杂谈》就是他的这类文章一个较齐全的选本，其中半数以上的文章是未曾收过集子出版的。朱光潜在书的“序言”中说：

> 这些杂文我自己大半不曾留稿，因而是久已忘去了的。现在搜出来集在一起，我仿佛像旧友重逢，又像一个老太婆翻着埋在旧箱底的嫁时裳，虽已不合时宜，却别有一番喜悦的滋味。原因在于这部选集忠实地记录了我在文学和美学方面摸索道路的过程，不但见出我的思想发展，而且也描绘出我这个人的性格面貌。我一直是写通俗文章和读者道家常谈心来的，虽然也出版过一些长篇大论，终不免有些“高头讲章”的习气，自己也并不怎么满意。[1]

我在编选《艺文杂谈》的过程中，多次听光潜先生的谈话，加深了对他治学为人和美学、文学、文体观点的理解，有几点值得记述。其一，在文学的诸多门类中，他特别看重诗的作用与地位，他认为理解好、把握好诗的特性是理解好、把握好文学有别于其他艺术门类的最好通道。这次在选录《艺文杂谈》篇目时，他多次关照我，尽可能多收些谈诗的文字。他对1948年9月出版的《文学杂志》上刊发的《游仙诗》一文较为满意，他在《艺文杂谈》序言中说：“它代表了我对中国诗

[1]《艺文杂谈》，安徽人民出版社1981年12月版。

之一

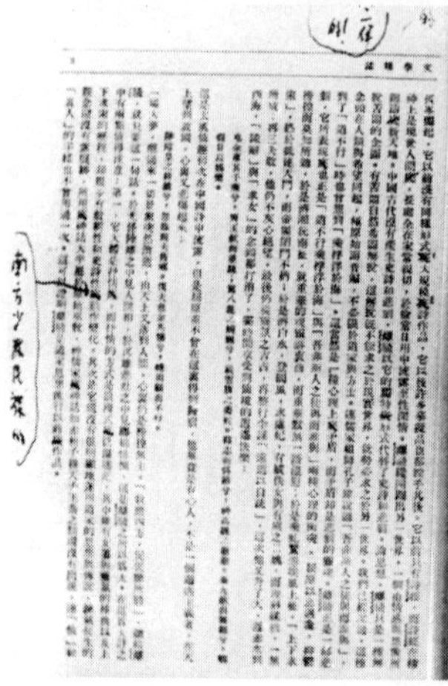

之二

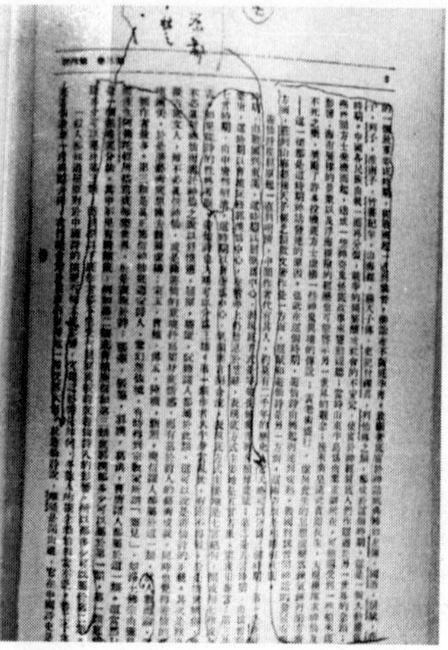

之三

1980年朱光潜将1948年写的《游仙诗》一文作了删改，改题为《楚辞和游仙诗》收入《艺文杂谈》（之一、之二、之三）

史的摸索。”由于原文稍长，在入集时，他作了必要的删改。题目改为《楚辞和游仙诗》，并嘱我将文中所引的《楚辞》中的原文一一据新版本加以校订。他又嘱我将他在上世纪50年代为《中国青年》杂志写的几篇赏析中国古典诗词的短文附入，“因为这些分析或有助于培养青少年爱好文学的兴趣和具体分析的能力，不至于有对文艺并无实践和实感而一味空谈诗是什么和美是什么之类套话或官话”。

朱先生写过不少旧诗，我本想选几首，他不同意，他在给我的一封信中说：

> 题沈子苾诗词两首短诗可否删去？因为我过去做过一些旧诗，例如《兰州歌》、《玉门油田歌》之类纪游长诗，曾在《光明日报》（？）上发表过，又收入《红旗漫卷西风》（文联同游者诗集），都没有入选，我想不选诗为宜（荒芜处还有些我和他的唱和）。

但是他却破例力主收入1980年10月14日写的题为《怎样学美学》

的一首诗，诗的副题是“在北京师范大学美学进修班发言提纲”。全诗是这样的：

不通一艺莫谈艺，实践实感是真凭。
坚持马列第一义，古今中外要贯通。
勤钻资料忌空论，放眼世界需外文。
博学终须能守约，先打游击后攻城。
锲而不舍是诀窍，凡有志者事竟成。
老子决不是天下第一，要虚心争鸣，接受批评。
也不作随风转的墙头草，挺起肩膀，端正人品和学风！[1]

朱先生说这不是诗，只是一首“顺口溜”，在《怎样学美学》这首“顺口溜”里，他强调学习马列主义的重要。他说“坚持马列第一义”，但是学习马列主义要结合钻研资料，有根有据，综合艺术实践，力戒从概念到概念，空谈一气。他特别明确指出，马列主义和毛泽东思想的基本原理是“解放”不了的，从马克思主义解放到哪里去？这是没有出路的。朱先生又谈到这道顺口溜中的第一句：“不通一艺莫谈艺，实践实感是真凭。”朱先生认为研究美学，不懂文学和其他艺术，写出来的文章看后如同隔靴搔痒，不切实际。朱先生钦佩王朝闻先生，说朝闻先生有艺术实践经验，搞过雕塑、戏曲，所以他写出来的文艺欣赏和理论文章，读起来有切实的内容又生动有趣。朱先生对我讲，为什么我要选入这首说不上是诗的顺口溜呢？是因为我喜欢它，从中可看出我现在的人生态度和治学体验，对年轻人寄予的一点希望，“人之将死，其言也善”。

朱先生很看重这个选本，他在看过全书的大样后，写信给我：“编选得很好，您在百忙中替此选费了大量的劳动，特向您致谢！”这些话

[1]《朱光潜全集》第10卷，第504页。

只能看做是老师对后辈学生的勉励，但也多少能看出他对“此选”出版的重视。在“此选”出版前，1980年8月，上海文艺出版社出版了他的《谈美书简》，是专门谈美学的新著；1980年10月天津百花文艺出版社出版的《美学拾穗集》，是他约八十岁以后写的“有关美学的论文或札记”的选集。而《艺文杂谈》所收文章时间跨度较长，一方面收有朱先生过去如《给青年的十二封信》、《谈美》、《孟实文钞》、《诗论》、《谈修养》、《谈文学》等几部作品中的少量文章——这几部书当年都非常有影响，又侧重收了上世纪40年代末至1980年间未曾入集的短文，多少填补了朱先生著作出版中的一块重要空白。据朱光潜《西方美学史》责任编辑程代熙回忆说：朱老的文集（指上海文艺出版社出版的《朱光潜美学文集》）出来之后，我去北大向他道贺，同时还向他请教一些新的事情。他在谈到他的文集时说：我一生写的重要一点的东西都收进去了，此外还有吴泰昌同志帮我编的一本《艺文杂谈》，这就是一生文艺思想的记录（应该说也不是他全部著述的记录）。

《艺文杂谈》出版后，朱先生签名给新老朋友送了许多。经我的手在北京代转的就有叶圣陶、沈从文等，他还请人转送给家乡安徽的一些同志。在安徽工作的美学家郭因说：1982年，朱老在安徽出版了《艺文杂谈》，他要我代为转送一些给省委的领导同志，省委领导同志曾让我向朱老转达谢意，并约朱老回安徽旅游和小住。朱老在当年6月复我一信，说那年夏天已决定根据全国文联的安排，往庐山读书。“安徽之行，拟待明夏。”对省委领导之邀，表示“盛意可感，乞便中代为致谢”。[1]

在编选《艺文杂谈》期间，朱先生曾送我一瓶陈年茅台酒。他说，你工作也忙，又为我帮忙，累了喝点酒，解解乏，睡个好觉。1981年2月22日我在北大本科时的同窗殷晋培从鞍山来京，我又约上同窗谢冕、

[1] 原载1986年3月23日《安徽日报》。

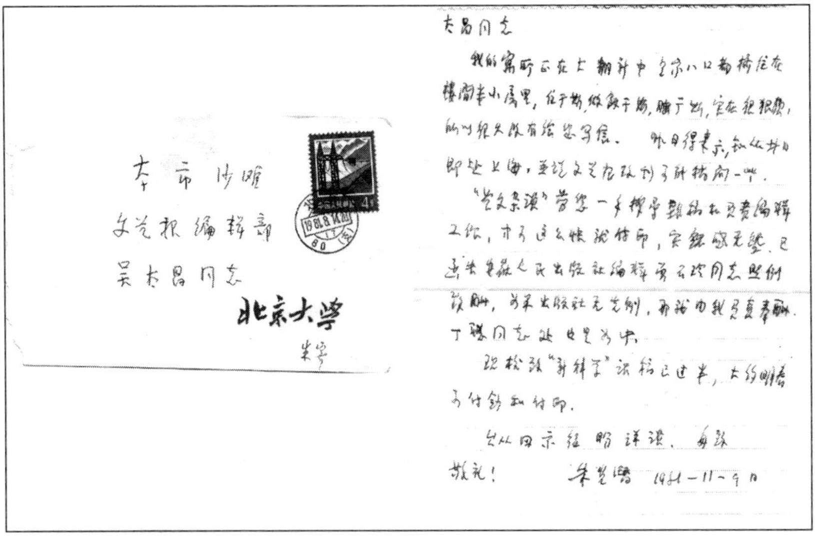

朱光潜为《艺文杂谈》给作者的信（1981 年 11 月 9 日）

张炯在家里小聚，请他们喝朱先生送我的这瓶茅台，晋培喝得有点醉意时说，像朱先生这样资深有影响的老教授在全国不多了，他是属于历史的。我们举杯祝朱先生长寿。

《艺文杂谈》出版后，1981 年 11 月 9 日，朱先生给我一信，在信中关心我编书应得稿酬这等小事。他在信中说：

泰昌同志：

我的寓所正在大翻新中，全家八口都挤住在楼间半小房里，住于斯，做饭于斯，睡于斯，实在很狼狈，所以很久没有给您写信，昨日得表示，知您即赴上海，并说文艺报改刊可能稍闲一些。

《艺文杂谈》劳您一年搜寻杂稿和负责编辑工作，才可这么快就付印，实铭感无暨，已函告安徽人民出版社编辑曾石玲同志照例致酬，如果出版社无先例，那就由我负责寄酬，丁聪同志处也是如此。

现校改《新科学》译稿已过半，大约明春可付钞和付印。

允从回京后盼详谈。匆致

敬礼！

朱光潜 1981 年 11 月 9 日

朱先生在住所“很狼狈”时，还记挂着我和封面设计者丁聪是否已得稿酬这般区区小事，朱先生的这般细心诚意令我感动不已。

1983 年 3 月，朱先生应邀赴香港中文大学讲学，他预料在港会见到许多海外长久不见的亲友。临行前，他在准备礼品时，首先想到的就是多带些《艺文杂谈》。他说：虽是本小书，但里面还有些新鲜的东西。从港回京后，有次他谈起，在台湾的老友著名史学家钱穆来看他，他签名相赠的就是《艺文杂谈》这本小书。

《谈美书简》

1980年8月，上海文艺出版社出版了朱光潜的《谈美书简》，书不厚，不足八万字。如果说，朱光潜1932年出版的《谈美》，是继1931年出版的《给青年的十二封信》之后的"第十三封信"，那《谈美书简》亦可视为作者给读者的第十四封信了。

全书共十三封信。作者在第一封信，即代前言"怎样学美学"中谈到写作此书的缘起和初衷。

朋友们：

从1965年到1977年，我有十多年没有和你们互通消息了。"四人帮"反党集团被一举粉碎之后，我才得到第二次解放，怀着舒畅的心情和老马伏枥的壮志，重理美学旧业，在报刊上发表了几篇文章。相识和不相识的朋友们才知道我这个本当"就木"的老汉居然还在人间，纷纷来信向我提出一些关于学习美学中所遇到的问题，使我颇有应接不暇之势。能抽暇回答的我就回答了，大多数却还来不及回答。我的健康状况，赖经常坚持锻炼，还不算太坏，但今年已八十二岁，毕竟衰老了，而且肩上负担还相当重，要校改一些译稿和文稿，带了两名西方文艺批评史方面的研究生，自己也还在继续学习和研究，此外因为住在首都，还有些要参加的社会活动，够得上说“忙”了。所以来信多不能尽回，对我是一个很大的精神负担。朋友们的不耻下问的盛情很可感，我怎么能置之不理呢？都理吧，确实有困难，如何是好呢？

不久前，社会科学院外文所在广州召开了工作规划会议。在会议中碰见上海文艺出版社的同志，谈起我在解放前写的一本《谈美——给青年第十三封信》，认为文字通俗易懂，颇合初学美学的青年们的需要，于是向我建议另写一部新的《谈美》，在这些年来不断学习马列主义、毛泽东思想的基础上，对美学上一些关键性的问题谈点新的认识。听到这个建议，我“灵机一动”，觉得这是一个好机会，让我给来信未复的朋友们作一次总的回答，比草草作复或许可以谈得详细一点。而且到了这样大年纪了，也该清理一下过去发表的美学言论，看看其中有哪些是放毒，有哪些还可继续商讨。放下这个包袱之后，才可轻装上路，去见马克思。

朱光潜先生在《谈美书简》开篇中，先讲了《孟子·尽心》篇中的一个故事：说到晋国有个冯妇，曾经赤手空拳地搏虎。一次在郊外又遇到一只虎，众人“莫之敢撄”，他却又以“攘臂下车”去搏，结果“士者”笑其“不知止”。朱光潜先生在《谈美书简》第一篇中，便引用了这个故事，并说：“现在就冒蒙士大夫耻笑的危险，也做一回冯妇吧！”朱先生1983年3月赴香港讲学，在回答访问时有段话对理解他之所以写《谈美书简》有帮助：

五十年代的美学辩论是在当时三派美学家之中进行的。（一）机械唯物论，（二）纯粹唯心论和我所代表的主客观辩证统一论之间进行的，长达二三十年之久，涉及面广到专家学者和一些青年学生乃至工人无所不包，我是以孑然一身和左右两方面的论敌单枪匹马作战的。基本问题不外三种：①美是纯主观的；②美是纯客观的，还是纯主观的；③美不是纯主观的，也不是纯客观的，而是主客观的辩证统一。我坚持这种看法，因为美离不开审美的人，因为文艺反映的是自然，而自然不仅包括客观世界，也包括人。当时攻击我的都说我反对马克思主义，因此我晚年认真研究了马克思主义，仔细按马克思经典著作原文，发现译文有严重的错误，加上受到斯大林时代在日丹诺夫影响之下对马克思主义的歪曲，因而单纯的客观反映论取得唯物独尊的地位，我根据《费尔巴哈论纲》、《资本论》和《巴黎手稿》以及恩格斯的《从猿到人》等马克思主义经典著作，证明了马克思主义不但不否定人的主观因素，而且以人道主义为最高理想，自然科学和社会科学终于要统一成为“人学”，因此我力闯片面反映论，强调实践论，高呼要冲破人性论、人道主义、人情味、共同美感之类禁区。我高兴地向香港朋友们说，我的斗争已日渐赢得多数论者的同情，我对主客观统一的观点不但没有修改，而且日益加强了。[1]

朱光潜正是有了这样的认识，才自信不怕别人“耻笑”，敢于“也做一回冯妇”。

《谈美书简》是上海文艺出版社当时出版的“文艺知识丛书”中的一种。出版社在“编辑前言”中说：

“文艺知识丛书”是一套普及性的读物，以高等院校文科学生、中学语文教师和广大文艺爱好者为读者对象。编辑这套丛书的目的，主要是想为读者提供一点学习马列主义文艺理论、阅读中外文学史和文艺作品的辅助材料。

丛书的内容包括文艺的基本原理和常识、中国古典文学、现代

[1]《朱光潜全集》第10卷，第648—649页。

《谈美书简》封面

文学、当代文学以及外国文学等方面。在编写工作中，力求能以马列主义、毛泽东思想为指针，对文艺科学中的各种理论问题，对中外文学史上的重要作家、作品、文艺思潮和流派，进行科学的介绍和分析；丛书的具体写法，提倡百花齐放，不拘一格，文字尽可能生动活泼、深入浅出。

我较早得到了朱先生签名的赠书。他在1980年11月20日给我的信中说："寄上拙著《谈美书简》一册请指正，另一本请便交叶至善同志。前两稿听您处理，我无意见。曾上备选集（即《艺文杂谈》）拟用文数篇已收到否，取舍亦悉听您裁决。"

"指正"不敢，这是朱先生的谦辞，但我倒是很重视朱先生的这本

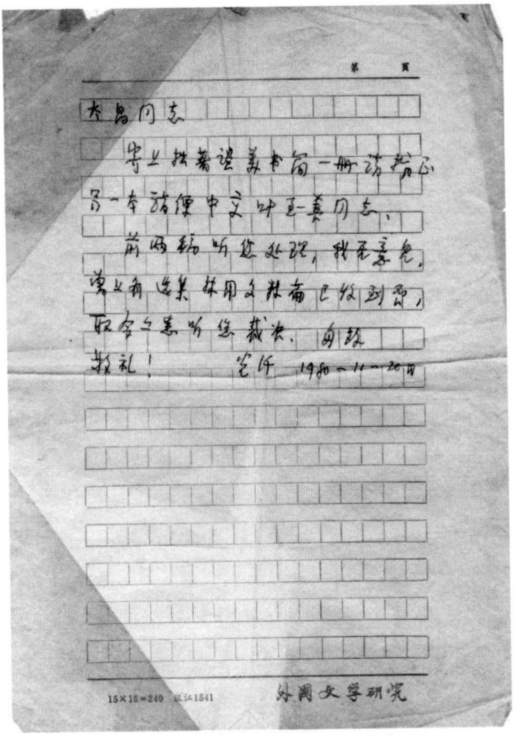
大昌同志：

寄上拙著谈美书简一册，请指正。另一本请便中交叶至美同志。

前两稿听您处理，我无意见。[illegible]已经到齐，取舍之权听您裁决。此致

敬礼！　光潜　1980—11—20日

外国文学研究

朱光潜致作者信（1980年11月20日）

新著，一口气读完了，并推荐给几位对美学亦感兴趣的同事读了。朱先生解放以后，翻译了多部西方美学名著，编著了《西方美学史》，写了大量关于美学的论争与答辩文字。人们普遍关心，在美学大辩论和“文革”之后，他原有美学观点的变化，而朱先生也正想借这本书明确扼要地说清楚现在自己的美学思想。年逾八十的老人认真而又情绪愉快地开始了《谈美书简》的写作。《谈美书简》的责任编辑郝铭鉴回忆说：

> 在我联系的作者中，朱先生的年龄是最大的。他又是驰誉海内外的著名学者。我第一次给他写信时，心头真有点惴惴不安。但我很快发觉这是多余的。也许是为了让编辑放心吧，他在写作《谈美书简》时，每隔一些日子，总要写封信来，谈谈自己完成了哪一

篇，后来又寄来了全书的编写提纲和部分誊清的原稿，说是要我们先审读一下，看看体例和内容是否妥当。这并不是事先商定的。我一口气读完后，一个突出印象是：内容扎实，文笔流畅，态度诚恳而坦率。但其中个别篇章显得艰深，不适合一般的读者。当我们忐忑不安地提出意见后，朱先生完全接受，并说："这不是私人之间的事，而关系到学术文化的发展，我感谢你们。"他不是在原来的基础上稍事修补，而是按我们的要求重写了。我们送他的校样，原来只是请他随手翻翻，他却一个字一个字地从头读起，并在来信中说："古人有一句话：'校书如扫落叶'，对我这样年老健忘的人尤其如此。"对待工作，对待学问，朱先生就是这样虔诚而认真。[1]

朱先生很留心这本"小书"在文艺界、美学界的反应。1981 年 2 月 7 日的《文艺报》上发表了郝铭鉴的《云中谁寄锦书回——读朱光潜〈谈美书简〉》，编者将这篇文章放在"新作短评"栏目首篇，余下两篇是评介《德国古典美学》和《重读艾青〈诗论〉》。

刊物出来后，我去看朱先生，我还没有坐定，他就对我说："这期《文艺报》一来我就看了，郝铭鉴同志写《谈美书简》的那篇写得好，有分析也有分寸。"他说，他在书中提出来的一些问题，有些可以说是尖锐、敏感的问题，但这也只是一家之言。他希望我转告《文艺报》领导，如有不同意他观点的文章，充分发表出来，他欢迎讨论。他说，出版社在出版这本书的"编辑前言"中早就说清楚了他们的这个态度：

朱光潜同志的《谈美书简》，对怎样学美学、马列主义美学体系以及美感、典型、形象思维、创作方法等等美学范畴，作了较为

[1]《朱光潜纪念集》，第 204—205 页。

> 通俗而详细的阐释。作者运用书信体的形式，又能结合自己多年研究的切身体会，因此读来比较亲切。美学在我国还是一门年轻的科学。书中有些问题例如美的本质、人性论、人道主义、艺术起源、形象思维、文艺的思想性等，美学界正在深入探讨的过程中；本书作者提出并论述了自己的观点，我们相信，这是有助于读者正确了解和研究美学这门学科的。

《谈美书简》中的十三封信，朱先生在扉页上写着是给“来信未复的朋友们”写的，“朋友们”既包括青年美学研究者，也包括基层广大美学爱好者。关于《谈美书简》的基本内容，郝铭鉴在文中说：“作者不像写教科书那样，面面俱到，而是从怎样了解美学，怎样研究美学的角度，突出地强调了两个方面的基本内容，一是美学研究中必须掌握的基本理论。如在第五封信‘艺术是一种生产劳动’里，他根据马克思的《经济学—哲学手稿》、《资本论》第1卷里关于‘劳动’和恩格斯的《自然辩证法》关于‘从猿到人’的论述，指出马克思的《经济学—哲学手稿》，对于未来美学的发展，具有极为重要的意义，甚至会引起美学领域的彻底革命。二是作者阐述自己在研究美学中新的认识和新的体会。比如，在谈形象思维一章中，作者认为一部具体作品的思想性，总是通过总的倾向体现出来的；而在决定倾向时，情感有时比思想要起更大的作用。片面强调理性，蔑视情感，是违背创作规律的。因此，文艺作品的‘倾向性’要比‘思想性’的提法来得更为确切一点。”

我是在一次会议期间得知朱先生在写《谈美书简》。1980年4月19日，《文艺研究》、《文学评论》和《文艺报》在前海西街恭王府文化部艺术研究院召开继承和发展马列主义文艺理论座谈会。我当天的日记中有记载：贺敬之、陈荒煤、冯牧、吴江、王朝闻、朱光潜、王瑶等参加。我也被邀请作为代表参加了。第一天的会开得活跃，不少发言强调要解放思想，深入探讨这个问题。王瑶先生着重谈了要深入学习领会马克思主义批判继承的观点，对中国现代作家、作品加以实事求是的评价的紧迫性和重要性。朱先生在会上几乎没有发言。他在认真地听取发言，不时用铅笔在张纸上记下发言者的话。会议开了两天。中间休息一天。第三天中午吃饭时，朱先生约我中午看完一部法国电影后陪他去转转，“逛逛大观园”。在散步时，谈到解放思想，他说：解放思想绝不能脱离马克思主义轨道，现在关键是要深入理解、领会马克思主义观点的精髓，理解透了，许多长期争论不休，一知半解的问题，就会得到正确的解答。这时他才告诉我，他快写完的《谈美书简》书稿中，有封信尖锐地提出要冲破文艺创作和美学中的一些禁区，他说这次会上有些发言对他很有启发和帮助。他要再考虑一下《谈美书简》中已写的一些内容是否需要适当修改。

朱先生着重谈到，《谈美书简》中他之所以写第六封信（《冲破文艺创作和美学中的一些禁区》），他在书中所谓的“禁区”，是“人性论”、“人道主义”、“人情味”、“共同美感”、英雄人物与普通人物等问题，他认为“冲破他们所设置的禁区，解放思想，按照文艺规律来繁荣文艺创作，现在正是时候了”！

《谈美书简》较系统地阐述了朱先生晚近的美学思想，我问过朱先生为何不使用论述方式，而采用书信体。他说，是经过仔细考虑的，最终还是选了书信体。《谈美》也是采用的书信体，朱自清在为该书作的序文中特别赞赏作者“态度的亲切和谈话的风趣”，因为这种方式的文章无拘无束，容易和读者在情感上相互交流，在思想上相互沟通。确实，在读完《谈美书简》后，读者仿佛和这位美学老人进行了一次促膝长谈。

李泽厚在1981年3月22日的《文艺报》上发表了《审美与形式感》一文，他在文中引用了《谈美书简》中的一段话：“我们欣赏颜字那样刚劲，便不自主地正襟危坐，摹仿他的端庄刚劲；我们欣赏赵字那样秀媚，便不自主地松散筋肉，摹仿他的潇洒婀娜的姿态。”李泽厚说

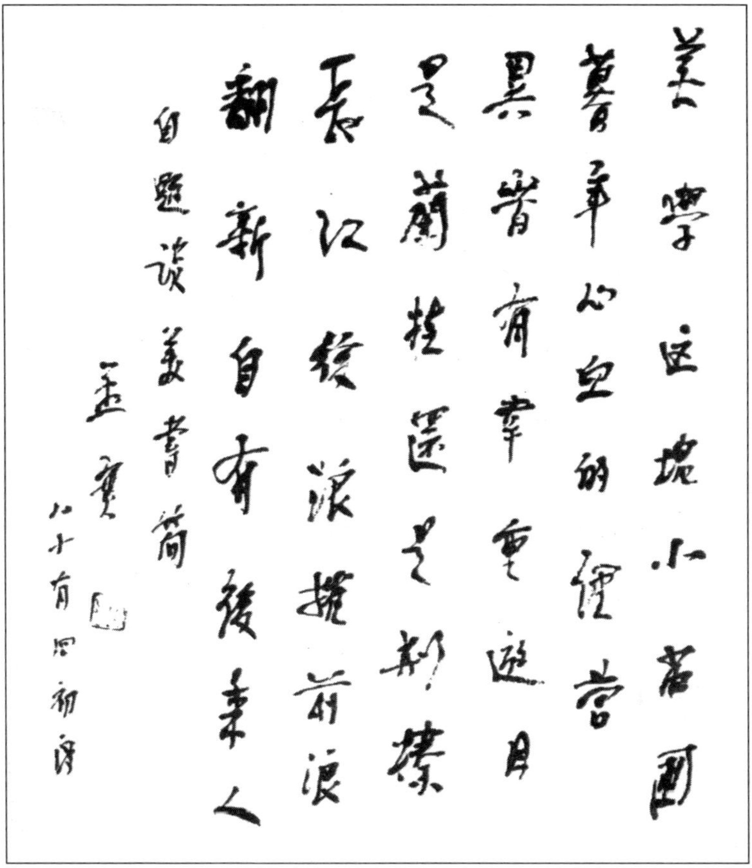

朱光潜题《谈美书简》手迹

朱先生“用内摹仿”（美学中移情说的一种）来解释美感愉快。李泽厚不同意朱先生的这个观点，他认为：“快乐说、内模仿说、格式塔说的共同缺点似乎就在这里。它们强调了形式感的生理心理方面，没充分注意社会历史的方面，特别是没重视就在人的生理心理中已经积淀和渗透有社会历史的因素和成果。”朱先生曾对我说，李泽厚同意不同意他的观点并不重要，只要有益于对问题的探讨，这就好。朱先生一向认为，美感问题是有长久历史的老问题，“大半还没有一致的意见，足见它们是复杂的，困难的。它们都还有待于进一步深入的研究”。[1]

任何书都难以写得十全十美，不足和缺憾总是有的，记得朱师母曾私下对我说，《谈美书简》大不如朱先生年轻时写的《谈美》那样明快清新，我心里也有同样的感觉。究其原因，恐怕主要并不是因为作者年龄上的增长，而是《谈美》比后来的《谈美书简》涉及更多具体的文艺鉴赏问题，有更多取自日常经验和具体文学作品的例子，容易使人读来觉得入情合理。

朱光潜 1980 年写了《自题〈谈美书简〉》一诗，对“翻新”的“后来人”充满热忱的期望，诗云：

谈美这块小苗圃，暮年心血的经营。
异时有幸重游日，是兰桂还是荆榛？
长江后浪推前浪，翻新自有后来人。[2]

朱光潜先生“也做一回冯妇”做得不错。《谈美书简》现已被教育部选定作为《普通高中语文课程标准》推荐书目一种，在广大读者中不断流传。

[1]《朱光潜全集》第 10 卷，第 364 页。
[2]《朱光潜全集》第 10 卷，第 526 页。

对话体“便于百家争鸣”

朱光潜是位写文章的高手。无论是长篇论著、译作还是短篇杂论，他都能写得让读者爱读。他解放前写的《给青年的十二封信》、《谈美》和解放后写的《谈美书简》等之所以长久畅销，与会写不是没有关联的。

朱先生说，他几十年写文章是与读者“道家常谈心来的”，这表明了他追求作者与读者一种平等亲近的关系，在遣词用字上，他做到流利畅达，析事明理，读者读了明白感人。

在文体的采用上，朱先生也是讲究的。他习惯用书信体，也尝试并提倡过对话体。他公开承认自己喜欢柏拉图的对话体。他翻译了柏拉图的《文艺对话集》，并在上世纪40年代写过几篇对话体的文章，如《苏格拉底在中国》等，其中《诗的实质与形式》、《诗与散文》中的内容，都是《诗论》初稿中谈过的问题，但他另用对话体的形式写出来，“可见柏拉图的对话体对我的影响”。

朱先生写评论文章变化多样，他认为写说理文时，对话体是论辩中既自由又见功效的一种文体。对话直接记载主宾应对语，记载者据闻实录，自己不另加论断。这种文体是写理论和评论文章的一种特殊文体，对话体比书信体更宜于论事说理。因为思想是一长串流动生发的活动过程，曲折起伏。一般单刀直入的文章不易显示这种思想的过程，而是仅叙述思想的成就。思想的生发线索和惨淡经营的甘苦，往往比已成就的思想更富于启发性。对话的好处就在反复问答，逐渐鞭辟入里，辩论在生发也就是思想在生发，次第条理，曲折起伏，都如呈现实，一目了然。就文格而言，对话体也有一种特长，就是戏剧性般的生动，在名家的手中，它还可以流露戏剧性的幽默。所以，朱先生认为为了表达一种较深入复杂的思想，将理说透，将事论透，不妨多用用对话体。他1962年特意为《人民文学》写了《漫谈说理文》一文，文中说：

> 文章如说话，说话须在说的人和听的人之间建立一种社会关系。话必须是由具有一定身份的人说的，说给具有一定身份的人听的。说的内容和形式都要适合这两种人的身份，而且要针对着说服的目的。这个事实就说明说话或作文都免不掉两种情感上的联系，首先是说话人对所说的话不能毫无情感，其次是说话人对听众不能没有某种情感上的联系，爱或者恨。这些情感色彩都必然要在声调口吻上流露出。这样的话才有意义，才能产生它所期待的效果。[1]

朱先生翻译《柏拉图文艺对话集》，除了重视此书在美学发展史上的价值之外，与他一向看重对话体也有关。他在40年代说过："比较一般对话，柏拉图所写有许多优点。第一，他不仅是设问答难，只有一宾一主；他的对话中人物往往有七八位之多，而每人所代表的见地都很充分地有力地表现出来，宾不只是主的扣钟锤或应声虫。其次他的文笔流利而生动，于琐事见哲理，融哲理于诗情，他的每篇对话都像是一首散文诗，节节引人入胜，读之令人不忍释手。对话文的胜境于此可叹观

[1]《朱光潜全集》第10卷，第348页。

止。”难怪60年代初他在北大给研究生和青年教师讲授西方美学史时，一再强调要我们认真仔细地读这部名著，至少三遍。

朱先生认为，从历史上看，对话最盛行的时代，往往也就是思想最焕发的时代。他在讲课和著作中列举了西方和中国许多例子说明这个问题。他不认为对话体单纯是文体的问题，他认为主要是思想的活跃。思想窒息，即便采用对话体，文章也不会有生气。朱先生解放后十几年自己为文不用对话体，而且也绝少提起对话体，与当年学术的空气和作家的心境直接相关。岂止是他一人如此，李健吾（刘西渭）那一双写过多少洒脱自如的文艺评论的手不也变得滞涩了吗？1980年以后，政治局面进一步安定，学术空气日趋活跃，年逾八旬的朱先生也随之活跃了起来。他在埋头翻译维柯《新科学》之余，又想起了对话体这位久别的老朋友。

不单是古希腊时代，我国周秦诸子的著述中用对话形式的就很多，不过，和希腊柏拉图等人的对话相比，有不同。朱先生指出了其中有两个差别，其一，周秦诸子的对话，限于一问一答，很少有一层逼着一层问下去，对一个事理作逻辑的分析。他举《论语》一段为例：

> 子路曰：“卫君待子而为政，子将奚先？”
>
> 子曰：“必也正名乎！”
>
> 子路曰：“有是哉，子之迂也！奚其正名？”
>
> 子曰：“野哉由也！君子于其所不知，盖阙如也。名不正则言不顺，言不顺则事不成，事不成则礼乐不兴，礼乐不兴则刑罚不中，刑罚不中则民无所措手足。故君子名之必可言也，言之必可行也，君子于其言所苟而已矣。”

朱先生认为“周秦诸子的许多问答就只能叫做‘语录’”。

其次，朱光潜说：“周秦诸子大半自居论主的地位发抒一番议论，

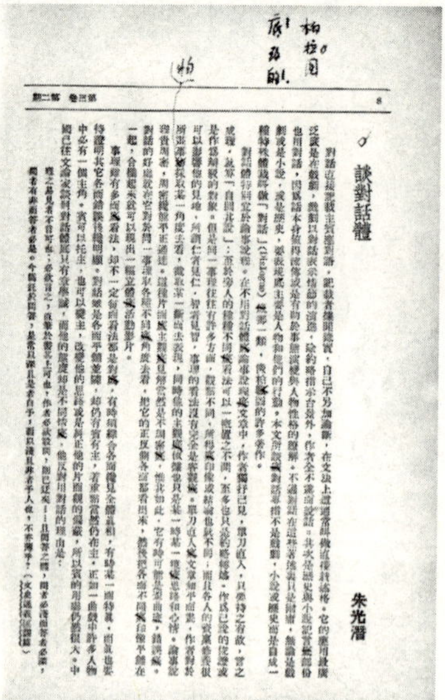

談對話體

朱光潜

之一

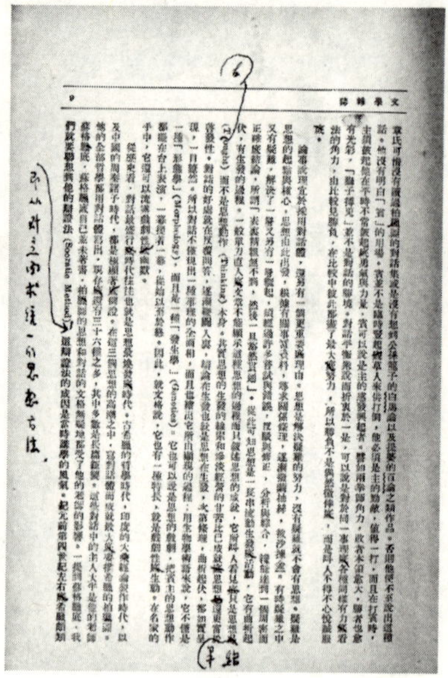

之二

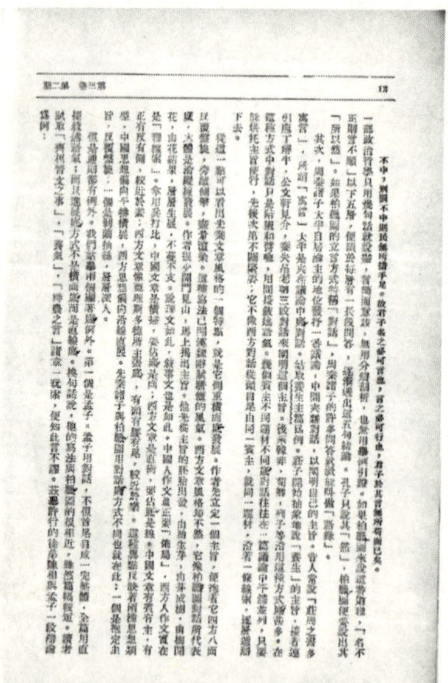

之五

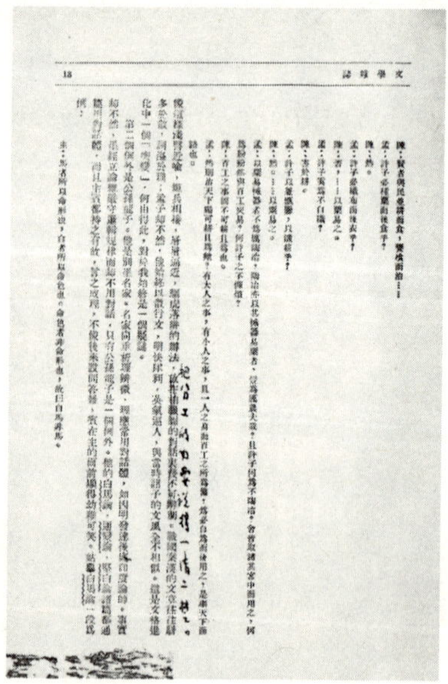

之六

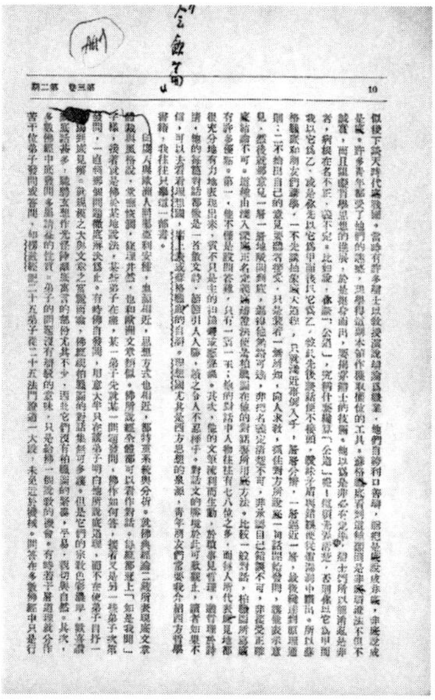

之三

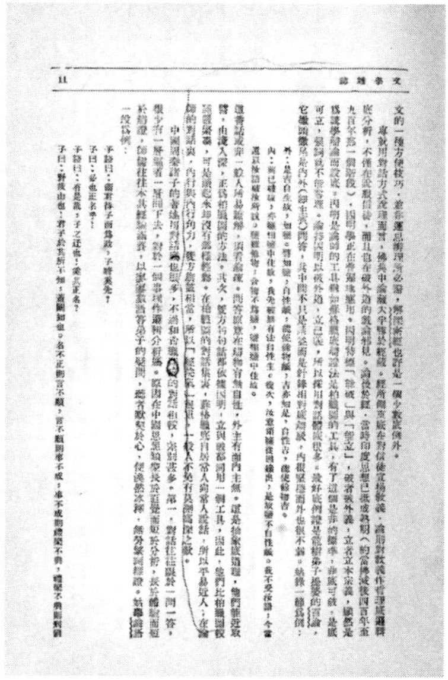

之四

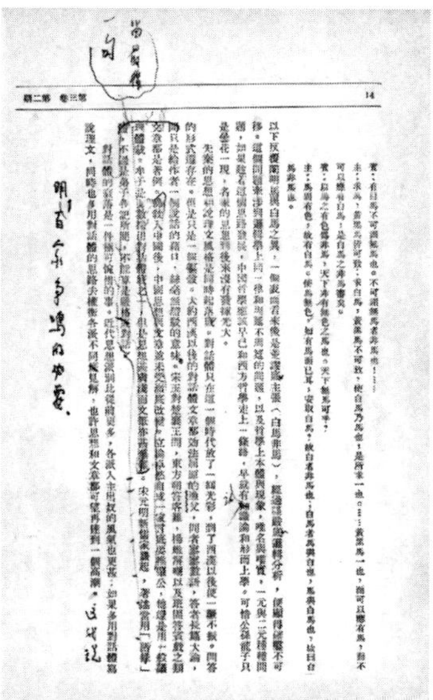

之七

朱光潜的《谈对话体》原载1948年7月出版的《文学杂志》第3卷第2期，1981年收入《艺文杂谈》时作者作了部分修改（之一、之二、之三、之四、之五、之六、之七）

中间夹杂对话，以阐明自己的主旨。昔人常说‘庄周之书多寓言’，所谓‘寓言’大半是夹在议论中的对话。姑取《养生主》篇为例。庄子开始抽象地说‘养生’的主旨，接着连引庖丁解牛、公文轩见介、秦失吊老聃三段对话来阐明这个主旨。后来韩非、荀卿、列子等沿用这种方式的甚多。在这种方式中，对话只是陪衬和譬喻，用间接叙述语气。几个宾主不同题材不同的对话，往往在一篇议论中平铺并列，只要能烘托主旨便行，先后次第不关紧要。它不像西方对话，从头至尾由同一宾主，就同一题材，沿着一条线索，逐层递辩下去。”朱先生以为“从这一点可以看出先秦文章风格的一个特点，就是它侧重横面的发展”；“西方文章风格却不然，它像柏拉图对话所代表的，大体是沿纵线发展。作者很少开门见山，马上揭出主旨”。

1980年前后，周扬曾希望文艺评论要写得更有文采、形式更活泼多样，建议《文艺报》组织些对话体的评论文章。我去请朱先生带个头。他恳切地说，手头现在正忙，现在写对话体不是件容易的事，很费脑筋，既不能简单地套用柏拉图对话的写法，也不能全套用中国诸子百家时期多用的对话方式，必须结合目前我国当代人思维的实际，创新出今天适合用的对话体。但他表示愿意试试。后来由于他太忙，刊物计划也有变化，这个想法没能实现。朱先生建议应多动员一些年轻人来写对话体。恰巧这时，我从他主编的《文学杂志》上发现了他写过一篇《谈对话体》，他说写这篇东西很花了些工夫，从未收过集子，现在很少为人所知。他极愿意将它放进《艺文杂谈》，他亲自将原文校阅过一遍，改正了几处错字，作了些许删改。其中有一处值得一提的重要修改。文章结尾原有一段话：“对话体的衰落是一件极可惋惜的事。近代思想派别比从前更多，各派入主出奴的风气也更甚；如果多用对话体写说理文，同时也多用对话体的思路去权衡各派不同的见解，也许思想和文章都可望再达到一个高潮。”在这段话之后，他加了以下这句话：“这就说明了百家争鸣的必要。”这篇文章原刊1984年7月出版的《文学杂志》

第3卷第2期，这是我的疏忽，本应该注明1980年经朱先生改定。不过，朱先生提倡对话体的心迹，他在为《艺文杂谈》所写的序文中已说得再明白不过："对话体便于百家争鸣，似不妨推广开来，对打破'一言堂'或有帮助。"

锻炼身体有一套“方术”

“十年浩劫”之后，无论酷暑严寒，在晨曦微露的北京大学未名湖畔，总能见到一位体形瘦小，腰背略弯，银发似雪的老人在缓缓散步，他就是朱光潜教授。

散步，是朱先生一天不可缺少的运动。他6点左右准时起床，从燕南园住所漫步出来，近7时回家吃早饭，开始了一天的日程。

如果天气好，他要在幽静的小路上拎着拐杖慢跑，或到湖边美国友人斯诺墓地附近的草地上活动腰身，练上半小时左右的太极拳和气功站桩。赶上雨雪天，他就在家里或在北大图书馆室内锻炼，从不间断。

在体育健身方面，朱先生持之以恒，练就了一套“方术”。

1897年，朱光潜生于安徽桐城县乡下一个破落的地主家庭，父亲是个乡村私塾教师。朱先生从六岁起就受着这种私塾教育，一直到十四岁。旧式的家庭和旧式的教育，使他身体虚弱多病，肠胃病、关节炎以及并发的失眠症弄得他很苦恼，勉强读书学习，效率总是很低。于是他开始注意锻炼身体。1922年他在香港大学读书时，几乎每个星期天下午，都和同学攀登高高的凌云山。开始心慌腿软，爬得吃力，后来渐渐爬快了，心也不慌了，每次爬上山顶都给他以极大的快慰。30年代初，他从英法留学归来，在北大任教，家住在沙滩附近的地安门，他曾在附近一个城隍庙里拜了个老头学太极拳，学了两年，打得娴熟。冬天，为了学

1980年春节朱光潜
在北大燕园散步

滑冰，他用井水泼个冰场练滑冰。

“十年浩劫”中他被关进牛棚，受尽精神上和肉体上的折磨，身体完全垮了，宿疾复发，又增加了腰肌劳损，往往一站起来就不由自主地跌倒，一场大病几乎断送了他的性命。但他靠着对国家和个人前途的乐观信念，下定决心坚持散步、慢跑、打太极拳和练气功，身体逐渐得到恢复，体育锻炼把他从厄运中解脱出来。

他曾经深有感触地说：

“十年浩劫”被关在牛棚里的时候，我天天疲于扫厕所，听训话，挨批斗，写检讨和外调材料，脑袋麻木到白痴状态。后来重获解放，我首先一面积极治疗，一面加强锻炼。病好以后我又重理旧业，发现自己的脑筋也和身体一样，越锻炼也就效率越高，关在牛棚时那种麻木白痴状态已经根本消除了。[1]

与朱光潜同被关进牛棚的季羡林教授说：

孟实先生在棚里的一件小事，我却始终忘记不了。他锻炼身体有一套方术，大概是东西均备，佛道沟通。在那种阴森森的生活环境中，他居然还在锻炼身体，我实在非常吃惊，而且替他捏一把汗。晚上睡下以后，我发现他在被窝里胡折腾，不知道搞一些什么名堂。早晨他还偷跑到一个角落里去打太极拳一类的东西。有一次被“监改人员”发现了，大大地挨了一通批。在这些“大老爷”眼中，我们锻炼身体是罪大恶极的。这是一件微不足道的小事，然而它的意义却不小。从中可以看到，孟实先生对自己的前途没有绝望，对我们的事业也没有绝望，他执著于生命，坚决要活下去。[2]

朱先生八十以后仍每天工作五六小时（上午三小时，下午二至三小时），他写文章和翻译，都是自己抄，边抄边改。累了就看会报纸，或到户外走走。午间，他躺一会，睡不着，闭目养神歇一会，他说这对脑子会有好处。

夕阳西下时，五点钟左右他又去未名湖畔散步，绕着北大图书馆兜个大圈，足有两三里地，约三刻钟再回家。每天早晚一趟，这是他法定的散步时间。散步时他爱挑有坡的路走，他猫着腰拄着拐棍，一步一步地爬山坡下山坡，哪里会让人想到他是位垂暮老人。

80年代初期，每次我去北大或在北大附近开会，去看朱先生，若

[1] 引自邹士方著《春天的问候》，香港新闻出版社1987年5月版。

[2] 原载1986年3月14日《文汇报》。

1946年朱光潜与夫人奚今吾游成都少城公园

赶上朱先生散步的时间，我都会去未名湖畔寻找他，我数次陪老人散步。有一次他说，未名湖畔的塔，我每次来散步都遥望它，但不同时期、不同心境时感觉会不同。你离开学校二十年了，塔还是那塔，你现在看和你上学时看感受能一样吗？朱先生又在同我谈美是什么了……他又谈起读书问题。他问我最近在读些什么书。他说，读书有各种读法，作为社会上的一般人，了解一些就可以了，自己喜爱的文学作品可欣赏享受。但对做学问的人来说，会读书就很重要，可收效大，少走许多弯路。朱先生主张做学问读书要“博学而守约”，也就是他说的先打游击战后攻城，他说如果不下苦功夫读一些经典的作品，做学问就缺乏根基。读书除了研究需要，还有个人的心志爱好的问题。他举例说，自己是搞西方美学史的，必须读西方古典美学名著，有些甚至要翻译出来。

但他个人对中国旧诗有兴趣。他问我同宗白华先生熟不熟，他说，他和宗先生同在北大，后来又同在哲学系，宗先生专治中国古代美学史研究，但他中西学底子都好，有兴趣地读并翻译了康德、歌德的一些书。朱先生开玩笑地说，印象里他和宗先生同庚，宗先生不是安徽人，但在安庆长大的，桐城离安庆市不远。

1983年有次陪朱先生散步，他提议我们在未名湖畔一张石头椅子上坐坐，休息一下。恰巧那天我随身带了个傻瓜相机，我请路上散步的人替我们拍张合影，他说：还是站着照好。拍完照后，他又同我闲聊起来，我告诉他，冰心说北大现在的未名湖来往人多，不像她当年在燕大常去时那般清静、干净。朱先生说，那时燕京才多少人，人要会适应环境，善于闹中取静，自寻其乐。他又谈起了他常用的笔名“孟实”。他说，过去有人批判他说他爱用“孟实”这个笔名，说明他像石头那样顽固不化。朱先生说，他们那样批判自然不对，自己在真理面前并不是顽固不化，而是知错就改，对则坚持。他用“孟实”作笔名倒也有点用意，因为他很喜爱石头的坚硬。他见我拿出一个本子准备记，他说，你不必记，我正回答一本书的编者提的这个问题，书出来你看了就知道。在《朱光潜全集》第10卷中有一篇“答问”的手稿里果然谈到了笔名“孟实”的由来：

> “孟实”是常用的笔名，“孟”指弟兄行辈中居长，“实”就是“老实”、“踏实”、“务实”，这多少表明我的人生理想。我在香港大学梅舍小书斋里壁上挂着请乡先辈方磐君（常季）先生替我写的“恒恬诚勇”四个大字，也多少说明“实的理想”。我在朱佩弦先生书斋里看到大方（方地山）写送他的一副对联：“见说乡亲是苏小，为看明月住扬州”，觉得字和文都颇佳妙，就请大方老人也写一联送我，他写的是“孟晋名斋，知是古人勤学问；实心应事，不徒艺院擅英豪”，我因爱“实”，没有把它挂在壁上。“孟实”之外我

偶尔也用“盟石”，“蒙石”，或仅用“石”，都是同音字，我很喜爱“石”的坚硬。

“生命是有限的，人最多活到一百岁吧，要使自己尽量活得长些，这就要靠运动。”朱先生批评我平日不注意锻炼，说这不好，“要养成锻炼的习惯，锻炼不能一曝十寒，要有心，不管在什么境遇下，都要找到机会活动一下”。

朱先生锻炼以散步、打太极拳为基本内容，但也决不放过登山下海的机会。北京的香山、西山他每年都要去。改革开放之后，有些会议在外地风景区开，他常被邀请。1980 年夏他去浙江开大百科全书编委会议，绕到莫干山去游览。1981 年 4 月又去承德参加大百科全书编委会议，他在 4 月 21 日给我的信中说：

朱光潜之子朱陈从安徽来京陪父亲逛公园

泰昌同志：

得来信，知已平安返京，甚慰！

二十三或二十四日下午我当在家恭候，借机倾听您这次南方旅行见闻，如果您的时间允许，可以敝寓小饮，我已定于二十七日晨赴承德参加百科大全书编委会议，大约要到五月十日左右返京。

这年夏天他又到北戴河参加全国文联组织的一次休闲活动，回京后他饶有兴味地同我谈起这次"下海"的险历，师母高兴地告诉我"朱先生这次下海了"。关于他这次海滨之旅，和他一起同去的李乔在《光潜老人的风骨》中有过生动具体的描述：

在一尘不染、靠近海边的那条公路上，出现了一个黑影，渐渐在扩大，当黑影迎着冉冉升起的太阳，迎着醉人的晨风，大步跑到你面前时，便看到这是一个满头银发，那瘦削的脸庞上有几点寿斑、牙齿残缺不全的老人，这便是著名的美学家朱光潜——每天清晨他都要在这海边公路跑步半小时。

跑步后，这位不知疲倦的老人，还要做气功、打拳。然后开始工作（著作或翻译），直到中午十二时为止。

睡过午觉后，沙滩给太阳晒得又温暖又柔软。大海像一个多情的姑娘，微笑着向人们招手，朱老穿着一条褪了色的黄短裤，肩头上披着一条白毛巾，裸露着上身，肋骨一根根凸了出来，好像圣雄甘地一般，由他的老伴奚今吾同志搀扶着，随着许多作家、艺术家，欢天喜地向大海走去。那劲头不亚于活泼天真、见了大海总忘乎所以的孩子。

北戴河滨风正疾，彼何人兮试海浴，

意气尚敢凌波涛，形骸只剩皮包骨。

这是朱老的即兴之作。他的形骸虽然"只剩皮包骨"，但他以非凡的气概，根本不把那呼呼的海风，滚滚奔来的浪涛放在眼里。走到海滨，他甩开老伴的手，丢下那块雪白的毛巾，脸上现出孩子般的笑容，跳进大海里。不客气地说，朱老的游泳技术并不高明，既不能仰卧碧波，随浪沉浮；也不能乘风破浪，离岸远游。他只能在离沙滩一丈多远的地方，用手拄着地，用两只骨瘦如柴的腿脚不住打着水，举行一次入水式。你看了可能觉得有些滑稽，但这也不简单了。试想一个没有学会游泳的人，年事已高，敢跳进大海里同滚滚波涛搏斗，是多么勇敢！

当他在水里悠然自得地泡着时，他的老伴，那个曾到欧洲留过学的数学家奚今吾同志，在沙滩上笑眯眯地望着他，眼神里充满了亲切和恩爱，分享着他愉快的幸福。

朱老在水里尽情地玩够了，便站了起来。他弯着腰，身上淌着大滴大滴的水，那撮稀稀落落的银发贴在脑袋上。他瑟缩地走向沙滩，奚老忙把那块白毛巾盖在他的背脊上，扶着他走到放衣服的

朱光潜（左）和老友宗白华（右）、茅以升在北大校园里边走边叙

朱光潜 1980 年 6 月在云南石林

朱光潜在北戴河海滨（1980 年）

地方，朱老舒服地躺在那柔软的沙滩上，闭着眼，让日光轻轻地抚摸。奚老坐在他身边，伸出两只白皙的手，捧一些细小的沙粒盖在他的腿上、脚下、胸上，差点把他埋起来了。

这有什么意思呢？起初我不懂，觉得像小孩玩沙一般，很可笑。不知这是对健康极有好处的沙浴。后来懂得了，便学着朱老搞起来，觉得很有意思。那轻松的感觉非进行沙浴的人不能领会。[1]

朱先生同我多次谈起，他之所以忙里偷闲，放下手头正在干的活去各地名胜开会，一是推脱不了会议，二是想换个环境调剂一下，饱览祖国山川美景，有益于身心健康，三是为了测试一下自己身体的实际承受能力，心中好有数。

朱先生认为，人都会老的，这是任何人不可抗拒的自然规律，但要努力做到老而不僵，也就是常人说的人老心不老。锻炼能使人身体健康，有了健康的身体才可能有精神的健康，有了精神的健康，才有可能为国家为人民愉快地去做些有益的事情。他在 1985 年为《中国老年》杂志写的《老而不僵》一文中说：

[1]《朱光潜纪念集》第 10 卷，第 170—171 页。

人到老年，就要注意健康和长寿。有了健康的身体，才能有健康的精神。

英国人说："健康的精神寄托于健康的身体"，这的确是至理名言。健康的身体来自锻炼，我每日坚持慢跑、打太极拳、做气功。我第二次"解放"后，重操起旧业。我这才发现脑筋也和身体一样，愈锻炼，效率也就愈高。仅1979年一年内，我就写了十三万字的文稿，搞了近百万字的书稿清样。关在牛棚时的那种麻木白痴状态也根本消失了。据此经验，我劝老年朋友，离休退休之后，总要找点事情干，使脑筋和身体一样经常处于锻炼状态。

朱先生力劝老年人思想不能僵化，思想僵化的病根是"坐井观天"、"画地为牢"、"固步自封"。我们要使自己老而不僵。怎样才能老而不僵？朱先生说出了自己多年的体会：

我们的老祖宗朱熹有句名言："半亩方塘一鉴开，天光云影共徘徊；`问渠那得清如许，为有源头活水来。"关键在这"源头活水"，活水是生机的源泉，有了它就可防环境污染，使头脑常醒和不断地更新。这就要多接触社会，多接近群众，多读书看报。一句话，要"放眼世界"，不断地吸引精神营养！[1]

朱光潜正是这样一位"老而不僵"的老人。

朱光潜文化底蕴厚实，除治学精深，业余爱好也广泛。他喜欢收藏古铜器与古瓷器，他挑选的一些瓷器多是请老友沈从文鉴定的。他尤爱看古碑帖，抗战时期，他心情郁闷时，看了大量谈碑帖的书，他在这方面有自己的见识。1975年3月28日他在致章道衡的信中说：

[1]《朱光潜全集》第10卷，第728—729页。

弟素不能书，但爱读碑帖，正如素不能诗而每日必读诗。颇谓书法表现人品，亦表现时代精神。我国书法之日趋委靡，自唐太宗独尊王羲之以致王欧悬为馆阁正宗之时起。此道至今仍应首推汉人，书家各有特色，尚无摹拟之风，也少弄姿作态之恶习。兄所赠两帧仍有汉魏人的韵味。弟过去搜藏碑帖颇多。[1]

他在致章道衡的另一封信中又说：

张黑女碑我只见过有正中书局影印本，闻碑久已破坏，旧拓片过去搜寻过，没有寻到。我过去亦喜北海，他的碑文大半是亲手刻的，所搜五六种风格各不相同，云麾俊秀，不如岳麓凝炼，端州石室端庄，颇近魏碑，最为上乘。所寄种数不多，亦可略窥由汉至唐的演变大概。解放后各地修建工程中新发见古碑据说近万种，目前当然还不能拓。[2]

朱先生爱看古碑帖拓片，是为了自己练书法。他的书法造诣颇深，但是，练写字，对朱先生来说，又是锻炼身体的一种“方术”。他曾同我说：“书法能舒筋活血，对人的大脑及手腕有好处。人到了不能走动的时候，写字也是一种运动。”朱先生临终前两年，因脑病和腿病数次住院，他在医院或在家里每天用颤抖的手抄写古诗。1985 年 5 月 4 日，是母校校庆，我上午 9 时到了北大，先去看朱先生。朱先生前两天刚从医院回家，一人坐在客厅里一张藤椅上，师母说，朱先生现在整天坐着，不愿说话，老打盹，不愿写字，我劝他白天多走动，多说话，多写字。朱先生叫师母上楼去取新到的书送我，师母问他题不题字，此前一段时间朱先生送书都不题字了，朱先生说：题。师母在

[1]《朱光潜全集》第 10 卷，第 430 页。
[2]《朱光潜全集》第 10 卷，第 433 页。

一旁笑着说：这太好了，就要这样。朱先生题签送书时对我说，现在我不去未名湖散步了，只在燕南园里走走，前一阵燕南园也少走了，主要靠写字代作运动，但现在也不愿题笔写了。他极悲伤地说：看来不行了。经师母一再动员，朱先生那天愿意我陪他去燕南园走走，当他刚起身移动脚步时，中文系青年教师商金林来说叶圣老去年开过刀的胆结石又长了出来，明天要去医院。朱先生听到这个消息很沮丧，对我说要休息一下，今天不和我去散步了。临行时，他又叮嘱我，去看看叶老，有什么情况来电话。

我幸运地得到过朱先生赐予的一张字。上世纪80年代初，一位画家朋友在一张日本画卡上为我写了字，并且送了我一些空白画卡，逗得我一时雅兴勃起，我用这些画卡去请当时来往较多的几位前辈题字或绘画。我主动开口的第一位是叶圣陶先生，叶老给我题写了，他提醒我可以去请孟实先生写，说他的字写得好。我向朱先生求字时朱先生当场应允了，写的内容是上文他所引用的朱熹“为有源头活水来”那首诗。他在给我画卡时说，我们朱家的这位老祖宗的这首诗，我读过无数遍，是我一生的“座右铭”。朱先生希望我一切从实际出发，将身体、精神、工作……都搞活起来，在活动中前进不止。

与叶圣陶长久的相处

1948 年朱自清先生在北平病逝时，朱光潜曾感伤地说："回想起当年白马湖的一批朋友们，互生在抗战前就已过去，丏尊在抗战中过去，现在又短了佩弦，只有子恺、圣陶和我几个人还健在，而都已年过五十，渐就衰老。"[1] 丰子恺 1975 年又走了，朱光潜和叶圣陶相处长久，但也均年逾八十了。

说也奇怪，朱光潜和叶圣陶自 1949 年起同在北京居住，除书信、电话和在全国政协、全国文联会议上匆匆见面，像过往单独在一起的机会却并不多。

有一次，朱光潜同叶圣陶见面，虽短促，没有对酌，也没有倾谈，但给朱光潜留下的记忆难忘。朱先生说，那是在我最苦闷最需要朋友的时候，叶圣陶来看过我。抗战胜利后，叶圣陶回到上海，投身民主运动的前列，朱光潜也从四川重返北平，仍回北京大学执教，和沈从文、废名、冯至等同住在中老胡同北大教师宿舍。

北平解放前夕，朱光潜处在人生历史的关头。国民党政府采取利诱和威胁的手段，动员在北平的一些文化教育界的名人去台湾。朱光潜是北大教授，西方语言文学系主任，代理过文学院院长，又身为国民党中

[1]《朱光潜全集》第 9 卷，第 491—492 页。

央监察委员[1]，是国民党政府看中的一个重点对象。但朱光潜其时对国民党政府的认识已有很大转变，“国民党政府越弄越糟，逼得像我这样无心于政治的人也不得不焦虑忧惧”[2]，他不畏利诱威胁，断然拒乘国民党政府派来的专机去台湾，留在北平，与北平广大市民一道迎接北平解放。当时在北大任职的季羡林教授说：

> 一九四九年北平解放前夕，按朱先生的地位，他完全有资格乘南京派来的专机离开中国大陆的。然而他没有这样做，他毅然留了下来，等待北平的解放。其中过程细节，我完全不清楚。然而这一件事却给我留下了深刻的印象：朱先生毕竟是经受住了考验，选择了一条唯一正确的道路。[3]

朱光潜当时承受了政治上和精神上的巨大压力，他相信共产党“爱国不分先后”和“尊重知识分子”的主张，但对共产党认识模糊，自己又有那个“身份”，他想来想去，思想上经历着激烈的痛苦和彷徨，用他自己的话来说：“北京解放，我待在北大宿舍里怀着焦急的心情坐待处理。”[4]

也就是在这个时候，叶圣陶来看他。叶圣陶 1949 年 3 月 18 日从山东解放区来到北平，参加新中国的筹建工作，抵北平后工作繁忙，想看望的老友很多。他稍事安定，从所住的六国饭店外出访友，看望了朱光潜，他在 3 月 20 日的日记中记道：

> 二十日（星期日）早起见飘雪，地上屋上略有积雪。九时许，

[1]《朱光潜全集》第 10 卷，第 644 页。

[2]《朱光潜全集》第 9 卷，第 536 页。

[3] 原载 1986 年 3 月 14 日《文汇报》。

[4]《朱光潜全集》第 10 卷，第 424 页。

与墨访平伯夫妇。多年不见，共叹老苍。……饭后偕铎兄访赵万里，由赵陪同访介泉于红楼，未晤。遂访孟实、从文。从文近来精神失常，意颇怜之。杂谈一切，五时始辞出。[1]

关于叶圣陶这次看望朱光潜具体“杂谈一切”了些什么，我没有听过朱先生谈起，也没有听过叶圣陶谈起，不敢妄加揣测。但叶圣陶此时此举本身，就说明了他对身处逆境的老友的关心，对朱光潜来说，这无疑是他终生铭记的友谊和精神上的莫大慰藉。

1980 年 9 月 12 日晨 7 时半，我骑车到东四八条叶圣陶先生家，搭叶老的车去人民大会堂。中国文联主席周扬在这里举办茶话会，招待出席全国人大和全国政协会议的文艺界人士。叶圣陶和朱光潜出席了。我因工作关系也去了。近 10 时，在招待会将近结束时，叶老叫我把坐在

1980 年 9 月 12 日朱光潜（右）与叶圣陶在中国文联招待茶会上（吴泰昌摄）

[1]《叶圣陶集》第 22 卷，江苏教育出版社 2004 年 11 月版，第 45 页。

另一边的朱先生请过来。那天两位老人衣着整齐，显得十分精神。他俩叙谈了一二十分钟，只听叶老起身时大声说：“我们好久没有在一起喝老酒了，开春暖和些时我去北大看你。”叶老还叫我为他俩拍张照，留个纪念。我向在场的香港《新晚报》的朋友借了相机，“咔嚓”一声留下了这个镜头。

1981年冬天，叶圣陶有次在室内站着，凝思窗外。不知是外面刮的风，还是漫天飞舞的雪花，扰动了老人的心绪，他忽然想到了春天。他对身边的长子叶至善说：开春去北大看看孟实，喝杯老酒！至善微笑着应和。他懂得老人的心思，补充说：还有王力先生。至善请我代他们与朱先生联系，陪叶老一起去。

我将这个消息及时告诉了朱先生，他听了兴奋得有点激动。1981年春天他俩彼此有事均未约成。朱先生急切地打听叶老现在爱喝什么酒，牙齿怎样？叶老也打听朱先生是不是还只喝白酒、白兰地，他们家的阿姨会不会做菜？叶老说自家阿姨做的酱鸭既香甜又烂糊，朱先生准爱吃。

冬天到春天，有多少个白天和黑夜。老年人心里有事总放不下，他们相互在焦急地期盼着这一天。

1982年3月13日下午3时，我去看朱光潜先生，朱先生从二楼书房下来，他头一句话就说刚收到叶老来信说要来玩，说叶老的字写得比他硬朗。他拿信给我看，信中说：“孟实吾兄，我将偕泰昌、至善一道来玩。”朱先生让我转告叶老，最好在4月15日至20日左右，具体日子请叶老定。

两位老人的福气好，约定的日子，1982年4月23日，没有一丝风，日头暖暖的。

当天下午1时半我骑车到叶家，叶老已衣履整齐端端正正地坐在客厅的沙发上。至善说，父亲早上起床就惦记这事。车启动时，叶老还问至善，酱鸭带上了没有？

朱先生住在北大燕南园66号。燕南园里十六幢别墅先后住过众多“国宝”。作家宗璞，是哲学大家冯友兰先生的女儿，长期在燕南园居住。1986年她在纪念朱光潜先生写的《霞落燕园》中写着：

> 北京大学各住宅区，都有个好听的名字。朗润、蔚秀、镜春、畅春，无不引起满眼芳菲和意致疏远的联想。而燕南园只是个地理方位，说明在燕园南端而已。这个住宅区很小，共有十六栋房屋，约一半在五十年代初已分隔供两家居住，“文革”前这里住户约二十家。63号校长住宅自马寅初先生因过早提出人口问题而迁走后，很长时间都空着。西北角的小楼则是党委统战部办公室，据说还是冰心前辈举行“第一次宴会”的地方。有一个游戏场，设秋千、跷板、沙坑等物。不过那时这里的子女辈多已在青年，忙着工作和改造，很少有闲情逸致来游戏。
>
> 每栋房屋照原来设计各有特点，如56号遍植樱花，春来如雪。周培源先生在此居住多年，我曾戏称之为周家花园，以与樱桃沟争胜。54号有大树桃花，从楼上倚窗而望，几乎可以伸手攀折，不过桃花映照的不是红颜，而是白发。61号的藤萝架依房屋形式搭成斜坡，紫色的花朵逐渐高起，直上楼台。随着时光流逝，各种花木减了许多。藤萝架已毁，桃树已斫，樱花也稀落多了。这几年万物复苏，有余力的人家都注意绿化，种些植物，却总是不时被修理下水道、铺设暖气管等工程毁去。施工的沟成年累月不填，各种器械也成年累月堆放，高高低低，颇有些惊险意味。[1]

五六十年代我在北大学习时，课余一度在《北大校刊》做过编辑记者工作，不时去燕南园，去过不少“国宝”级教授的家，至今还留着踏

[1] 原载《中国作家》1986年4月号。

进燕南园时，那种穆静、崇敬的感觉。

车快到北大燕南园时，叶老招呼，先去王力先生家看看。由于同是语文专家，叶老与王力先生见面机会略多，但也多时没有这样走动了。王先生与朱先生同住在燕南园，相隔几幢小楼。下午2时半左右，到了王先生家。至善搀扶叶老悄悄推门进去，怕影响王先生午休，岂知王先生早已在伏案工作，人走近了，听到了轻轻的脚步声，王先生才站起来，背转身猛见是叶老，高兴得拥抱起来。王力先生说怎么不事先告诉我。他们很快用苏州话攀谈。王先生扶着叶老到客厅坐下。叶老在这里坐了约一小时，他站起来说要去看孟实，王先生说我送你去，叶老说，不用了，车子能找到。王先生就在门口台阶上止步了。当车子绕出，上了路，从树隙里见王先生还站在那里。我刚一转头，见朱师母在马路上招手。车子停下，叶老未及下车，朱师母就对我说：朱先生等急了，怕你们路上出事。约好2点出城，这会儿快4点了，朱先生叫我打电话给你，你不在，又打到叶老家，说你们2点就出来了。后来见王先生家门口停有车子，估计你们先去王先生家了。说着说着，朱先生从王先生家那边连走带跑地过来了。他穿一身旧蓝布制服，一双旧布鞋很显眼。一见叶老，老远伸出手，与叶老紧握。分不清他俩谁扶谁，一起到客厅。在喝老酒之前的一个多小时里，叶老和朱先生并肩坐在沙发上闲聊。我和至善、朱先生大女儿世嘉的丈夫姚秀琛分别坐旁边。叶老和朱先生的谈话围绕1925年在上海创办立达学园的往事。朱先生说，原来我一直记得陈望道先生和我们一起创办了立达学园。前年我为准备写回忆立达学园的文章，问起胡愈老，也写信问过你，又查了一点资料，才确定是我记错了，误将陈望道当作胡愈之。朱先生说，我同胡愈老差不多时间去欧洲留学，我在伦敦他在巴黎，我因为在巴黎大学注册听课，从伦敦到法国只需过一个海峡，用不了几个小时，所以到巴黎听课之余常常看看胡愈老等几位朋友。胡愈老那时衣服大口袋里塞满杂志报纸。他很关

作者随叶圣陶（左）看望朱光潜（右）（1982 年 4 月 23 日，叶至善摄）

心世界信息、动态，估计后来他研究世界语，并成为我国研究世界语的开拓者，就奠基在那个时期。叶老因未出国留学过，对朱先生谈的胡愈老的这些情况很感兴趣，他几次微调自己的助听器。至善也多次大声重复朱先生的话，好让叶老听清楚。叶老说能知道胡愈老这些情况的人，现在少有，劝朱先生尽快将文章写出来。

1984 年朱先生写了《胡愈之同志早年活动的片断回忆》，回忆了他和胡愈老一生的交往，着重于他和胡愈老在国外留学时的一些交往。朱先生在文章中说："胡愈老从立达学园创建开始一直到现在，都是立达学园这一系列活动的大力支持者。胡愈老是我生平最敬佩的一位老友，我一直把他看作治学做人的榜样。他年纪比我还大一两岁，身体也比我稍差，可是工作头绪比我多几倍。他从容不迫地处理着多方面的繁重工作。我每逢想松劲偷懒时，一想到他的榜样，就提高了自己的勇气。"[1] 1986 年 1 月 16 日胡愈老病逝，朱先生悲痛极了。他在身体极其衰弱的

[1]《朱光潜全集》第 10 卷，第 724 页。

状态下，用颤抖的手吃力地写下了挽胡愈老的两句话：“以刻苦耐劳做了一世穷苦青年的楷模／以端方正直做了一代政治家的榜样。”[1] 朱先生写这两句时，思想怎么也集中不起来，手脑不能并用，这两句挽词就是写不下来，不是把字写错了就是把字写漏了。朱师母告诉我，后来商金林把住朱先生的手才一个字一个字地写下来。这两句话极可能是朱先生公开发表文字的绝笔。

朱先生深有感触地说，人的一生少不了朋友的帮助和支持。他说叶老在开明书店主持编辑工作时给了他很多鼓励和帮助，他永远感激。他在 1980 年写的《回忆上海立达学园与开明书店》一文中说：

> 就我个人来说，我应特别感谢开明书店对我的培育。我在夏丏尊、朱自清、叶圣陶几位老友的言教和身教下才开始放弃文言文，学写白话文。我在留学英法八年之中一直和开明维持着密切的联系。一到英国，我就不断地替《一般》和《中学生》写稿，后来由夏丏尊搜集并作序的《给青年的十二封信》这部处女作就是由开明印行的。这本小册子现在看来不免幼稚可笑，在当时却成了一部畅销的书。原因大概在我反映出当时一般青年小知识分子的心理状况，在彷徨失望中摸索出路。从此我和广大青年建立起了友好关系，也不再愁写出文章没有地方发表和没有人看了。我在外国当学生时代写的几部主要的著作（《文艺心理学》、《谈美》、《诗论》、《变态心理学派别》）都是由开明书店印行的，所得到的稿费大大减轻了在官费经常扣发的情况下一个穷学生必然要面临的灾荒。所以想到立达学园和开明书店，我总是怀着感激的心情。[2]

朱先生瞪大眼睛对坐在一旁听他俩叙旧的我说：“叶老不仅要审稿，

---

[1]《朱光潜全集》第 10 卷，第 730 页。

[2]《朱光潜全集》第 10 卷，第 523 页。

还亲自为开明出的书写了许多广告词。我的那几本小书的广告词也是他写的。”

叶老在开明书店工作时，确实写过大量书的广告词，有各种门类的。出版并推荐过现代文学史上许多名家名著，如郭沫若的《屈原》，茅盾的《蚀》、《幻灭》、《子夜》、《春蚕》、《见闻杂记》、《苏联见闻录》、《速写随笔》、《清明前后》、《世界名著讲话》，巴金的《家》、《巴金短篇小说集》、《海底梦》，老舍的《老张的哲学》、《赵子曰》，冰心的《冰心小说集》、《冰心散文集》、《冰心诗集》、《关于女人》、《寄小读者》和译作纪伯伦的《先知》，朱自清的《欧游杂记》、《伦敦杂记》、《诗言志辨》，俞平伯的《读词偶得》、《燕知草》、《杂拌儿》（杂拌儿之二）、《清真词释》，丰子恺的《西洋趣味》、《艺术名画巡礼》，朱光潜的《谈美》、《我与文学及其他》、《近代英美散文选》（与人合编）、《文艺心理学》，沈从文的《春灯集》、《黑凤集》、《湘行散记》、《湘西》、《边城》、《长河》、《月下小景》、《从文自传》，《闻一多全集》（朱自清、郭沫若、吴晗、叶圣陶编），夏衍的《心防》、《法西斯细菌》等等。

朱光潜的《谈美》，叶圣陶在1934年4月1日刊出的广告词中写道：

> 本书是朱先生在《给青年的十二封信》后的第十三封信。朱先生对于美学颇多心得。他自己说：“在这封信里，我就想把这一点心得介绍给你，假若你看过之后，看到一首诗，一幅画，或是一片自然风景时，比较从前更感到浓厚的趣味，懂得什么样的经验才是美感的，然后再以美感的态度推到人生世相方面去，我的心愿就算达到了。”他的态度亲切和谈话的风趣，是和《给青年的十二封信》一样的。

朱光潜（左）与叶圣陶倾谈往事（1982 年 4 月 23 日，吴泰昌摄）

1943 年 7 月 5 日刊出的朱光潜著《我与文学及其他》广告词说：

这个集子收集文学论文十四篇。说是论文，可不是搬弄理论，辑录成说的一类。作者谈他怎样跟文学打交道，经历怎样的甘苦，得到怎样的领悟，尝味怎样的愉悦；深广的学识，超脱的胸襟，浓厚的同情，融合而为亲切有味，引人入胜的文字，其中大部分涉及诗。一切好的文学跟艺术本来都是诗，当然从广义方面说。要在文学跟艺术的天地间回旋，从诗入手，植根更深。读者读这个集子，宛如跟作者促膝而坐，听他娓娓清谈，而跟随作者从诗的基点看文艺，所见必将更为深广。

又如朱光潜《文艺心理学》广告词：

这是专门研究文艺理论的书籍。作者丢开一切哲学的成见，把文艺的创造和欣赏当作心理的事实去研究，从实事中归纳得许多可以适用于文艺批评的原理。它的对象是文艺的创造和欣赏，它的观点大致是心理学的，所以叫作《文艺心理学》。

再如朱光潜等编的《近代英美散文选》的广告词：

作者根据多年的教学经验，精选散文二十五篇，从哈代起到当代英美作家止：内容不限于文艺，政论、自然科学文字、社会科学文字都有。适合于大学和高中高年级英语教学之用。每篇之后附有作者小传和注释，对于教学自修，都极有帮助。[1]

朱先生说，广告词上的这些“实在”的话，是对我早年的几部拙著向社会宣传的最初的介绍文字。

恰巧当天《人民日报》发表了叶老纪念夏丏尊先生的一篇短文，他们顺此又谈起了立达学园时的一些老友。

叶老得知朱先生正在校阅新译的维柯《新科学》一书，说他还是这么勤奋，劝他多休息，别累着。朱先生兴致勃勃地向叶老介绍自己每天的活动表：晨7时前到未名湖一带散步，约一小时，早饭后工作；下午看书报或接待来访；5时散步，三刻钟，回来晚饭；晚上看看电视，不工作。至善说，朱先生的生活、工作一向有规律，老习惯，抗战在四川时条件那么乱也生活有序，像钟摆一样。朱先生发现我随身带了相机，叫我替他们拍照。叶老说，他和孟实这么老的朋友了，合影的机会真不多，过去总以为来日方长，有的是机会，很多事就这么错过去了。

[1] 以上所引广告词均见《叶圣陶集》第18卷。

朱光潜（右）陪叶圣陶参观自家小院里 1976 年唐山大地震时临时居住的棚屋（吴泰昌摄）

在朱师母准备晚餐收拾时，朱先生领叶老去门口自家小花圃里走走，旁边有座地震棚，朱先生告诉叶老，1976 年唐山大地震时，他在里面住了半个月。朱先生家住一楼，地震当晚亦被惊醒，但未受损伤。当即在户外空地搭棚居住，住了半个多月，他曾在给章道衡的一封信中说："住棚生活颇有少时在雨天搭夜行船风味，平静生活中偶有些小波澜亦难得也。"叶老告诉我们，朱先生和夫人地震前进城来看过他。叶老在 1976 年 2 月 9 日的日记中有记载："朱光潜和夫人奚今吾来访，特馈浙江某地之黄酒一瓶，其情可感。"

晚饭朱先生家准备了不少菜，朱师母忙上忙下，朱先生请叶老喝一种上好的桂花酒。朱先生、他的大女婿姚秀琛、至善和我喝英国白兰地。叶老带了一只自家做的酱鸭，他将大腿夹给朱先生，问他味道好不好，朱先生只是点头。朱先生突然告诉叶老，1979 年在四次文代会期间，黄源有次来看他，并叫他老师，他很感动。黄源是朱光潜在上海立达学园时的第一批学生，"关系甚好"。朱先生次年在一篇文章中说："现在主持浙江省文联的黄源同志，他以研究鲁迅闻名，在文化界做过不少工

朱光潜（左）在北大燕南园66号寓所与叶圣陶喝老酒（1982年4月23日，吴泰昌摄）

作。黄源同志和我阔别几十年之后，去年在文代会上重逢，还亲热地称我为‘老师’，其实他自己也已七十六岁了，我比他还够不上‘十年以长’。他叫我‘老师’，我既感到惭愧，又感到欢喜，这是一个老园丁的至上酬劳。”朱先生就此说到交友。他说，记不住别人对自己的帮助容易，一时记住别人的帮助不难，长久能记住却很难。我过去主张知己不止一个，现在想来古人说的“人生得一知己足矣”这句话也不是没有几分道理的。朱先生向至善敬酒，问满子今天怎么没来。夏满子是夏丏尊的小女儿。至善说她想来看您，但腿脚不好，叫我代她向您问候。朱先生说，我们老了，你们也上了年纪。抗战期间，你和满子在四川乐山喜结良缘，我还是你们的证婚人，那天喝了不少，痛快。问至善记得不记得，至善点点头说记得，并说那天恰巧是您四十二岁生日，我们也为庆贺您多喝了几杯。

朱先生谈兴正浓，当晚比平日多喝了两杯，他端起空杯看看，还想喝，朱师母说不能喝了，将酒杯拿走。朱先生只好向叶老苦笑。叶老说：“没关系，明年春天再聚。来我家看海棠花。”

叶老在返途的车子上，嘱叶至善再查实一下开明出版的朱先生那几部书的广告词是否出于自己的手，他说记得是自己写的，但当时刊出时未署名，而同他在一起做编辑的徐调孚先生也写了许多。我知道叶老在这类事情上是极为认真的。1984 年我为《文汇报》写“书山偶涉”专栏，首篇《最早评价〈子夜〉的文章》中引用了《中学生》杂志上一则介绍茅盾《子夜》的广告词，文章说：“这很可能出自开明书店的主要编辑，也是《中学生》的主要编辑叶圣陶之手。”叶老看到这篇文章后，对我说：“《子夜》的广告词，不一定是我写的，很可能是徐调孚先生写的。”并叮嘱我，在写另篇文章时顺便说清楚这件事。2004 年夏，我去看叶至善，他即将脱稿《父亲长长的一生》。至善办事犹如叶老一般认真，他告诉我，已经查实了，《子夜》的广告词确实是他父亲写的，朱光潜先生的《文艺心理学》、《谈美》、《文学及其他》等几部开明出的书稿广告词均是叶老写的。叶老为开明出的书写了几百条广告词，现已选择能确定的部分放在《叶圣陶集》中。

叶老很满意这次老友相聚。除在日记中加以记载，1982 年 5 月 20 日又作《酬了一》绝句两首：

常惜相逢唯握手，更欣促膝得倾谈。
赏心乐事当有记，重访燕园四二三。

尊嫂情殷宠锡加，星洲糖果日邦茶。
同堂四代分尝到，可想而知欢笑哗。[1]

叶老书录了这首诗，送我留作纪念，叫我记住“重访燕园四二三”这一天。

---

[1]《叶圣陶集》第 8 卷，第 463 页。

1983年10月28日，朱光潜先生偕夫人奚今吾进城去向叶圣陶祝寿。我在11月4日的日记写道："至善说，叶老很烦别人给他做寿。10月28日，吕叔湘请了开明书店几位老人，王力、朱光潜都去了。"朱先生也曾高兴地告诉我："叶老10月28日过生日，我们去了，还拍了照。"并拿出他和叶老的合影给我看。这是朱先生和叶老最后一次愉快的相聚。

明年、后年……永远的春天，在现实中，在企盼中。但今天的事，不一定明天再会发生。

朱先生最后还想再看望一次叶圣老。在叶家大院海棠树下，与叶老再促膝倾谈。岂知叶老几度住院。1984年、1985年，每当叶老家庭院里的海棠花盛开，叶老都不忘从医院里给朱先生捎信，表示歉意，说明年一定相聚。1985年腊月，曾约好朱先生出院后我陪他去看叶老，但他们的这次相见又没有如愿。人老多情，朱先生又在盼着明年的4月，叶老也在盼着。1986年的春天来了，3月之后就是4月，春风已吹起，可朱先生却在3月蓦地走了，怀揣着这个未了的心愿走了。1986年3月5日朱先生临终时，叶老去医院对老友作了最后的告别。1986年6月，叶老出任《朱光潜全集》顾问并题写了集名，这是他为相处长久的孟实最后做的一件事。

关于《西方美学史》

《西方美学史》（上下册）是朱光潜的力作。1980 年他在接受香港《开卷》杂志专访时明确地说："建国以后，我唯一重要的著作就是《西方美学史》。"他在 1980 年 9 月写的《朱光潜美学文集》"作者说明"中也说："《西方美学史》是我回国后头二十年中唯一的一部下过功夫的美学著作"，"是解放后我在美学方面的主要著作"。

朱光潜先生是美学家，同时又是教育家。他长期在北大等校执教。正如同他建国前的重要著作《文艺心理学》和《诗论》，是先给学生讲授，后修订整理出版的，《西方美学史》亦是如此。

朱光潜在 1980 年写的自传中说："1962 年召集了文科教材会议，决定大专院校文科逐步开设美学课，并指定我编一部《西方美学史》。"[1]

朱先生接受编著《西方美学史》的任务，我当时就听说，但详情不知。后来读到郝怀明写的《周扬与大学文科教材建设》一文才具体了解朱光潜先生是在什么大背景下接受编写《西方美学史》这项任务的。郝文说：

> 1959 年到 1961 年，主要由于"大跃进"和"反右倾"的错

[1]《艺文杂谈》，安徽人民出版社 1981 年 12 月版。

误，加上当时的自然灾害和苏联政府背信弃义撕毁合同，我国国民经济曾经发生过严重困难。1960 年八九月，党中央开始纠正农村工作中“左”倾错误，1961 年 1 月八届九中全会正式决定对国民经济实行“调整、巩固、充实、提高”的方针，随即制定和采取了一系列正确的政策和果断措施，在农业、工业、科学、教育、文化等各个方面，进行了政策调整。这是在当时那个历史阶段中党的指导方针的重要转变。重新编选高等学校文科教材，就是在这样的历史背景下提出的，是党中央在文教战线一项重大决策，是克服“左”的思想在高等专科院校的影响的一个重要举措。

编选文科教材的任务是 1960 年九十月间在中央书记处的一次会议上确定的。会后，书记处书记彭真同志受总书记邓小平同志的委托向周扬同志下达了这一任务，并要周扬同志立下军令状，限期解决文科教材。当时的情况是，经过 1958 年的教育革命，教育方针明确了，但教材问题没有解决。当时全国高校文科编写了八十多种教材，但许多课还没有教材，据北京市的调查，市高校 22% 的课程没有教材和讲义。已经编出的教材，由于对遗产和老专家否定过多，编书的青年知识准备不足，又受当时浮夸风的影响，一般水平都比较低，大都不宜继续采用。因此，总结经验，重新制定文科专业的教学方案，集合新老力量，重新编选教材，就成为高校文科建设中一个迫切需要解决的问题。[1]

1960 年，中宣部在中央高级党校召集一些人编写全国文科教材，中宣部副部长周扬总负责。杨晦的研究生、师兄胡经之和我同班同学张炯都在《文学概论》编写组。我不时去中央高级党校找他们，他们在那里干了两三年。有天经之告诉我，领导已决定，《西方美学史》不成立

[1]《忆周扬》，内蒙古人民出版社 1998 年 4 月版，第 348—349 页。

编写组了，只请朱光潜先生一人写，他说，只有朱先生有本事来独挑这副担子。

朱先生1961年上半年在中央高级党校讲了三个月的西方美学史，在北大讲授西方美学史，是在1961年下学期，我幸运地听上了他的讲授。我1955年从安徽省当涂县中学考入北大中国语言文学系，至1960年本科毕业。期间曾先后听过一些名教授的课。文学方面，如游国恩讲先秦两汉文学史，林庚讲隋唐文学史，吴组缃讲宋元明清文学史，王瑶讲现代文学史，杨晦讲文学概论；语言方面，高名凯讲普通语言学，魏建功讲古代汉语，周祖谟讲现代汉语，王力讲现代诗词格律学；外国文学方面，曹靖华讲苏联文学，冯至讲德国文学，季羡林讲东方文学，等等。而见到朱光潜先生并听他讲美学，并不是系统的课，是1957年春在北大办公楼礼堂学校举办的一次专题讲座上。

1960年我大学本科毕业后，留校做文艺理论研究生，师从杨晦教授。杨先生那时是中文系系主任兼文艺理论教研室主任。此前他曾带过严家炎、胡经之、王世德等研究生，我们这届他带了五个学生。杨晦先生对我们的辅导方式，主要是开列中外文学和文艺理论名著让我们自学，他定期在家里作辅导，偶尔也安排我们去本系或外系听点课。我们去听朱光潜先生讲西方美学史是他亲自与朱先生商量后安排的，记得他说：学文艺理论的人，懂点美学，尤其西方美学很必要，你们要好好听。他同时告诉我们，朱先生已答应不定期给我们作辅导，这个机会我们要珍惜。

朱先生讲西方美学史，是在哲学楼一间教室里。听课的人主要是新设立的哲学系美学教研室的一些青年教师，还有我们几个学生，大约就二十多人，慕名而来的却不少。高教部决定在大学设立美学教研室，北大是率先的，其他院校视条件陆续开设。听课时我碰到过北师大的，还有从外地赶过来的。李醒尘说："60年代，他一度从北大西语系调到哲学系美学教研室，我给他当过助教，是朱先生亲自把我领上了《西方美

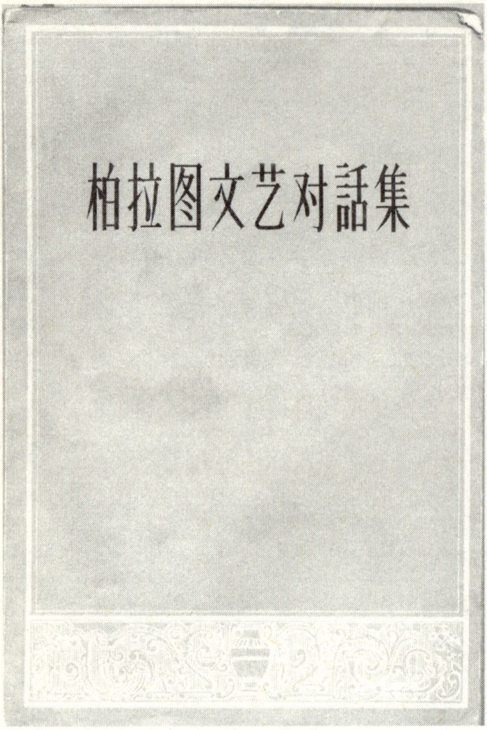

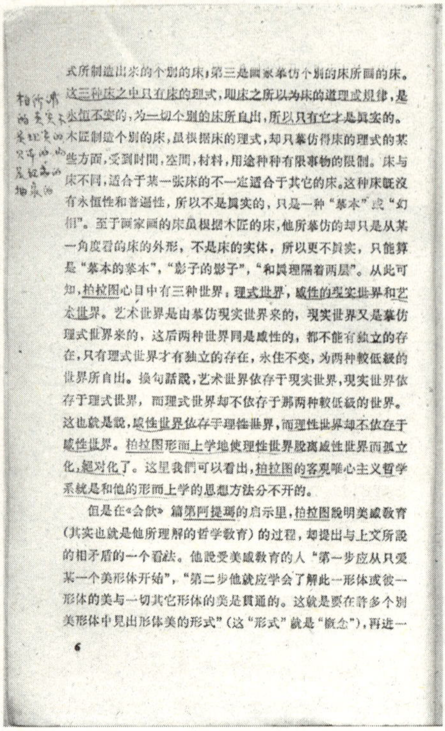

式所制造出来的个别的床；第三是画家摹仿个别的床所画的床。这三种床之中只有床的理式，即床之所以为床的道理或规律，是永恒不变的，为一切个别的床所自出，所以只有它才是眞实的。木匠制造个别的床，虽根据床的理式，却只摹仿得床的理式的某些方面，受到时間，空間，材料，用途种种有限事物的限制。床与床不同，适合于某一张床的不一定适合于其它的床。这种床既沒有永恒性和普遍性，所以不是眞实的，只是一种“摹本”或“幻相”。至于画家画的床虽根据木匠的床，他所摹仿的却只是从某一角度看的床的外形，不是床的实体，所以更不眞实，只能算是“摹本的摹本”，“影子的影子”，“和眞理隔着两层”。从此可知，柏拉图心目中有三种世界：理式世界，感性的现实世界和艺术世界。艺术世界是由摹仿现实世界来的，现实世界又是摹仿理式世界来的，这后两种世界同是感性的，都不能有独立的存在，只有理式世界才有独立的存在，永住不变，为两种較低級的世界所自出。換句話說，艺术世界依存于现实世界，现实世界依存于理式世界，而理式世界却不依存于那两种較低級的世界。这也就是說，感性世界依存于理性世界，而理性世界却不依存于感性世界。柏拉图形而上学地使理性世界脫离感性世界而孤立化，絕对化了。这里我們可以看出，柏拉图的客观唯心主义哲学系统是和他的形而上学的思想方法分不开的。

但是在《会飲》篇第阿提瑪的启示里，柏拉图說明美感教育（其实也就是他所理解的哲学教育）的过程，却提出与上文所說的相矛盾的一个看法。他說受美感教育的人“第一步应从只爱某一个美形体开始”，“第二步他就应学会了解此一形体或彼一形体的美与一切其它形体的美是貫通的。这就是要在許多个别美形体中見出形体美的形式”（这“形式”就是“概念”），再进一

6

作者 1961 年在北大作文艺理论研究生时阅读朱光潜译《柏拉图文艺对话集》，文中有作者当时所作的笔记

学史》的大学讲坛。”[1] 每堂课朱先生都将要讲的章节先打印出来，放在教室外，听课的人随意自取。记得当时油印的讲义，署的是“西方文艺批评史”。最初我是按钟点去听课，讲义早被人拿走了，后来只好提前半小时去先拿了讲义再到哲学楼外广场散步。朱先生每堂课是准时到的，他不照讲义宣读，而是提纲挈领地点出关键之处反复阐述，他讲时那双大眼睛向上，不时向听课的人发问。朱先生为我们作了四五次辅导，约定下午 3 时。我们每人先写出需要朱先生辅导的问题，提前交给他。朱先生那时已从佟府平房搬到燕东园 27 号二楼居住，离 37 号的杨晦先生家很近。每次我们一同早去，先在燕东园里散步，准点去朱先生

[1]《朱光潜纪念集》，第 114 页。

家。朱先生初次辅导我们时，就开门见山地说：很高兴你们听我的课，学文学的人懂一点美学有好处，至少写起理论、评论文章来可以从美学欣赏角度出发，将理论文章写得活泼生动些。他说自己原先是学文学、教育学、心理学的，后来才转到美学研究上来，他提醒我们不必像专门搞美学教学和研究的人那么仔细认真地去听他的课，知道一个大概就可以了。

除集体去朱先生家听辅导外，我还单独贸然闯进朱先生家求教过一次。1961 年 9 月 7 日，我去北大附近的海淀镇，先在海淀区新华书店旧书门市部花四角钱买到上海新文艺出版社（即现在的上海文艺出版社）1951 年出版的哈拉普著、朱光潜译的《艺术的社会根源》。朱光潜在该书“译后记”中说：“路易 · 哈拉普（Louis Harap）是犹太人，居住在美国。他曾在哈佛大学图书馆当哲学部门主任多年，专门从马列主义研究艺术理论和艺术史。……这部书使他成为苏联以外的一位重要的马列主义文艺批评家。”这是朱先生解放后出版的第一部译著。同时，我又在新书门市部买到人民文学出版社 1959 年 11 月出版的朱光潜译《柏拉图文艺对话集》。与 1954 年上海文艺联合出版社出版的译本相比，这个版本增加了“斐利利斯篇——论美感”、“法律篇——论文艺教育”两篇译文和“题记”、“译后记——柏拉图的美学思想”，“人名索引”。朱先生在课堂上和辅导时很强调这部书的重要性。我在购得这本书后，看了一遍，阅读时在书上用钢笔记下了多处心得和存疑。我单独求教朱先生，就是因读《柏拉图文艺对话集》引起的。我也是下午 3 时悄悄走进二楼他的书房，他正在伏案工作，见着我先是大眼睛瞪着我，后来他突然说你也是从安徽来的……我将随身带的《柏拉图文艺对话集》递给他，说我读了一遍。他翻开书，看我在书上用小字写的话，随即用红铅笔在几处打了圈。他说，这本书我希望你们至少读三遍，我标明的几段要反复读。并说多读几遍后有什么想法可再来找他谈。那天见朱先生的时间极短，我始终站着。我很珍惜有朱先生笔迹的那本《柏拉图文艺对话集》。

1978年夏天，《文艺报》准备复刊时，编辑部决定邀请巴金、欧阳山、孙犁、朱光潜等写对《文艺报》复刊的希望，我去北大看望朱先生。这是“文革”后我第一次见到朱先生。他已从燕东园搬到燕南园66号居住。那时朱先生刚过八十，但精神尚好，他问了《文艺报》人员的一些情况，也问了我从北大出去后的工作情况，叫我在客厅里休息一下，他上二楼书房，并拿走了我带去的《柏拉图文艺对话集》，不一会，他下楼来交我刚为《文艺报》写的二百字文稿，同时将书还我，他说，这本书是你买的，本不该由我签名送你，但上面也有你花的劳动，留作纪念吧！

朱先生1962年在已写讲义和在北大、中央高级党校两次讲授的基础上，用了一年时间加以修改增补，完成了《西方美学史》。《西方美学史》上下卷分别在1963年7月和1964年8月由人民文学出版社出版。“文革”期间被封杀，1979年6月《西方美学史》上卷由人民文学出版社再版，作者增补了再版序论，同年11月《西方美学史》下卷再版。

《西方美学史》全书五十余万言，除序论外，包括三个部分，从公元前6世纪古希腊毕达哥拉斯学派起笔，一直写到20世纪初意大利美学家克罗齐，对西方美学思想发展的历史过程作了比较全面、系统的述评。它以各个时代有代表性的重要美学流派和美学家为中心，适当兼顾次要流派和美学家的作用，依历史线索描述每个时代美学思想的概貌及其渊源关系。该书尽力做到既有史的完整性又有资料的丰富性，又对主要美学流派和美学家作了深入的探讨，使人在获得系统美学史知识的同时，在美学思想和美学理论方面也得到训练和启发。

朱先生曾同我谈起，做任何一门学问，写任何一部新书，都不是件容易的事，需要自身的条件和客观的环境。他说《西方美学史》之所以能在60年代初较顺利地完成，与曾有过一个短暂的较为宽松的学术环境和学术争鸣气氛分不开的。在国内美学研究者中，朱光潜先生是编写《西方美学史》最合适的人选，他在这方面有着长久丰富的积累。他自

《西方美学史》被指定为全国高校文科教材，此为人民文学出版社初版上卷封面

从1933年就任北京大学西方语言文学系教授以来，长期开设欧洲文艺批评史和西方古典名著选读课程，解放后又在北大长期开设翻译课，在教学过程中已出版了《文艺心理学》、《诗论》等著作，翻译了克罗齐的《美学原理》、哈拉普的《艺术的社会根源》、柏拉图的《文艺对话集》、黑格尔的《美学》第1卷等一系列西方古典美学名著。他还写了大量评介西方美学家的文字，有些已发表，有些尚未发表。在写作《西方美学史》期间，朱先生发表了《莱辛的〈拉奥孔〉》、《狄德罗对于艺术与自然的看法》、《亚里斯多德的美学思想》、《典型性格在欧洲美学思想中的发展》、《黑格尔美学的评价》等有关西方美学的论文。朱先生在动手写每一章之前，先摸清原始资料，把重要部分选译出来，编成资料附编，然后再进行撰写。《朱光潜全集》第6、7两卷的《西方美学史》后面附

有《西方美学史资料附编》，虽然“附编”中原有的部分资料译稿在十年劫难中多已散失，也可想象他在资料上花了多么大的精力。确如他自己所说，为了编著此书，“在搜集和翻译原始资料方面所花的工夫比起编写本身至少要多两三倍。用意是要史有实据，不要凭空杜撰或摭拾道听途说”。[1]

资料占有了，最关键的是用什么观点、方法将这些资料串联起来，加以综合分析，形成自己的东西。他多次公开说，他是“尝试”用马克思主义的观点和方法来写《西方美学史》的，他说：

> 1957年到1962年，在党的领导下，我积极参加了长达六年之久的全国范围的美学批判和讨论。这是我国美学思想发展的一个转折点，它的重要性我认为怎样强调也不为过分。就我自己来说，也是通过这次批判和讨论，初步认识到自己的美学思想的唯心主义的片面性，开始认真地学习马列主义。《西方美学史》就是在这次讨论后开始编写的，这是我回国后头二十年中唯一的一部下过功夫的美学著作。[2]

朱光潜先生把马克思主义美学看作是美学发展历史的归宿，而把历史上各派美学看作是通向马克思主义美学的一个个环节。他对康德、黑格尔、车尔尼雪夫斯基、克罗齐等代表的近代西方美学的评述，标志了他的整个美学观的重大转折。

坚持用正确的观点和研究方法，又准备了充足的资料，编写起来自然就得心应手。他是带着较为愉快的心情来从事这项浩繁艰巨的工作的。

1960年左右，党对知识分子的政策，特别是对待高级知识分子的

---

[1]《朱光潜全集》第6卷，第17页。

[2]《朱光潜全集》第10卷，第565页。

政策在逐步落实。这期间，中共中央高级党校校长林枫曾来北大西语系调研。据当时任过朱先生助手的北大西语系文学教研室青年教师夏珉（艾珉）回忆说：

> 当时的西语系副系主任严宝瑜同志告诉我，林枫同志曾来北大召集干部座谈会，讨论落实知识分子政策，尤其是高级知识分子政策问题，提出除生活上给予照顾，特供一些牛奶、黄豆之类，更要注意在业务上发挥他们的专长。林枫同志特别问及朱光潜的情况，他回答："在教翻译课。"林枫同志说："只让朱光潜教翻译恐怕不合适吧，应该给他创造些条件，让他继续研究美学，不妨给他配备个助手，减轻老先生在教学杂务上的负担，这样还可在培养青年教师方面发挥他的作用。"有了上面这个精神，北大校领导才可能将朱先生一度停教翻译课，从西语系借调到哲学系美学教研室，培养青年教师，专心研究西方美学史。他的住宅，后来也由燕东园27号二层，搬迁到燕南园66号整栋小楼（一、二层）。特别是，党在认真贯彻双百方针，使他才有勇气放心地坦诚地去表达自己的认识和观点。他说自己的期望不高，哪怕是一家之言，有错误的成分，只要是正常的讨论、批评，他是能理解接受的。[1]

朱先生编写《西方美学史》态度极为认真，听取了各方的意见，下卷之所以比上卷出版时间晚，一再斟酌修改也是其中一个原因。

《西方美学史》初版问世后，受到学术界的普遍重视和全国高校文科学生的欢迎，供不应求，出版社不断加印。先后加印了不下十几次，海外也有繁体字版本刊印。《西方美学史》被公认为"是我国第一部全面系统地阐述西方美学思想发展的专著，代表了迄今为止我国对西方美

---

[1] 引自艾珉：《朱光潜先生和我的师生情谊》，待刊。

学研究的水平，推动了我国美学教育和研究工作”。[1] 胡乔木说《西方美学史》的出版，给他“以很大的喜悦”，“这部书还不能说详细，但是究竟是我国的第一部啊！书里面有多少精辟的见解啊”！[2]

国外也曾有几部较流行的关于西方美学史的重要著作。如英国鲍桑葵（Bernard Bosanquet）的《美学史》、克罗齐的《美学的历史》等。与国外几部有影响的同类著作相比，美学家、复旦大学教授蒋孔阳 1980 年在评论《西方美学史》时说：“它不仅是我国学者所写的第一部这方面的著作，而且就我所接触的不多的外国学者所写的这方面著作来看，在体系的完整和内容的详备赅博上，它也不见得逊色。”

《西方美学史》虽然是朱光潜先生的一部力作，但也存在一些不足和缺陷。修订版《西方美学史》的责任编辑程代熙当年就向朱先生指出了这点，他在一篇文章中说：

> 《西方美学史》在讲完黑格尔之后，就俄国以外的欧洲部分来说，一下就跳到了十九世纪末和二十世纪初以英国费肖尔父子为代表的“移情”说及意大利以克罗齐为代表的“直觉”说，这中间留下了很大一段空白。[3]

他认为接着黑格尔之后，若能再评价费尔巴哈、叔本华、尼采、丹纳、弗洛伊德等人的美学思想，该书就会避免结尾收拢过于急促的遗憾，使全书内容显得更加充实完美了。

朱光潜曾在致程代熙的一封信里表示完全接受这个批评。为什么会出现这缺憾呢？朱光潜在 1980 年说明了其中原因：

---

[1]《朱光潜同志生平》，见《朱光潜纪念集》，安徽教育出版社 1987 年 4 月版。
[2]《记朱光潜先生和我的一些交往》，见《朱光潜纪念集》，第 23 页。
[3]《朱老，我愧对你的嘱托！》，见《朱光潜纪念集》，第 54 页。

朱光潜 1983 年应邀在香港中文大学发表题为《维柯的〈新科学〉及其对中西美学的影响》的讲演

> 为什么我从 1933 年回国后，除掉发表在《文学杂志》的《看戏和演戏：两种人生观》那篇不长的论文以外，就少谈叔本华和尼采呢？这是由于我有顾忌，胆怯，不诚实。读过拙作《西方美学史》的朋友们往往责怪我竟忘了叔本华和尼采这样两位影响深远的美学家，这种责怪是罪有应得的。[1]

1983 年 3 月，朱先生应邀赴香港中文大学参加新亚书院的“钱宾四（钱穆）学术文化讲座”，其间在香港电视台接受郑树森博士访问时，再次谈到这个问题。他说《西方美学史》之所以遗漏了叔木华、尼采和

[1]《朱光潜全集》第 2 卷，第 210 页。

弗洛伊德等重要美学家，关键是这些美学家及其流派“当时曾戴过‘反动’的帽子，我也怕再戴上这顶‘反动’帽子”。其中的原因，有客观的也有主观的。朱先生写作此书、出版的年代，正是“左”的思想倾向泛滥之时，虽一度有所纠正，但影响尚一时难以彻底消除。朱先生敢于面对被批判的西方各种美学流派，既展现出他学术探索的勇气，又说明了他还是心存余悸的。

朱光潜本人对《西方美学史》也不太满意，他说：“研究西方美学史是一个大工程，我只是开了头，打了个小小的基础。”他寄希望于后来者，希望后来者写出比他更完备翔实的《西方美学史》，正可谓“前修未密，后起转精”。

教师生涯六十载

朱光潜是著名的美学家、文艺学家和教育学家。也许是因为他作为美学家的名声过大，容易让人忽略了他在教育事业上显赫的劳绩。他生前常说，自己教了一辈子的书，教师是他根本的职业。

朱光潜当过小学教员、中学教师和大学教授，在大学执教的时间最长。钱伟长、陶大镛说：“朱老属于我国当代第一批学术造诣很深的教授之列，对于新学的建立和发展作出了开拓性的贡献。”[1] 罗大冈在《得尊敬的智力劳动者》文中说：“朱先生是我所接触到的我国当代文科方面的学者中最令我尊敬和钦佩的代表人物。”“无论从人格，从学风而论，朱光潜先生配称我国当代学人的表率。”[2]

朱光潜在教育战线上度过了六十余个春秋，历尽了曲折坎坷的道路。

朱光潜 1916 年毕业于历史名校安徽桐城中学，中学毕业后在家乡当了半年小学教员，1918 年考入香港大学，学习教育学、英国语言文学和生物学、心理学。港大毕业后，1922 年夏到上海吴淞中国公学中学部教英文，同时在上海大学讲逻辑学。在中国公学中学部教英文时，他兼任该校校刊《旬刊》的主编，他的编辑助手是学生姚梦生（姚蓬子）。在吴淞时期，他听过李大钊、恽代英的讲演，与郑振铎、杨贤江有往

[1] 钱伟长、陶大镛：《不怨不倦风范长存》，原载 1986 年 3 月 21 日《人民日报》。
[2] 原载 1986 年 5 月 26 日《人民日报》。

来，也与中国青年党的陈启天、李璜等人有交往。

1924年9月，由于江浙战争爆发，吴淞中国公学进驻军队，师生星散，经夏丏尊介绍，朱光潜到浙江上虞县白马湖春晖中学教英文，结识了同时任教的匡互生、朱自清、丰子恺、刘薰宇、周为群、章锡琛等人，与朱自清、丰子恺结为好友。

1925年1月，因不满春晖中学校长的专制作风，朱光潜与匡互生离开春晖中学去上海。2月，他与也离开春晖中学的夏丏尊、丰子恺、章锡琛、周为群等和已经在上海的叶圣陶、胡愈之、周予同、陈之佛、刘大白、夏衍等人组织立达学园，定址江湾。匡互生对朱光潜的影响颇深。匡是毛泽东的同学，当时和无政府主义者也有些往来。在匡的授意下，朱光潜起草了开办立达学园宗旨的宣言，宣言公开倡导教育独立自由的主张。朱光潜后来回忆说，名为“学园”，就是要把学校当作劳动基地，这也是受无政府主义思想影响的。在创办立达学园期间，朱光潜又与夏丏尊、叶圣陶、章锡琛等策划筹办开明书店和《一般》杂志（后

朱光潜（右二）上世纪30年代前后在法国斯特拉斯堡大学学习

改名《中学生》)。朱光潜是创办立达学园、开明书店和《中学生》杂志的重要成员之一。

1925年夏，朱光潜考取安徽官费留学英国，先后就读于英国爱丁堡大学、伦敦大学、法国巴黎大学和斯特拉斯堡大学，选修英国文学、哲学、心理学、欧洲古代史和艺术史，在欧洲深造八年，获硕士和博士学位。1933年7月他从法国马赛乘船回国，经同学徐中舒引荐，被北京大学文学院院长胡适聘任为北大西语系教授，主要讲授《欧洲文艺批评史》和《西洋名著选读》两门课，直至抗战爆发。在此期间，朱光潜还在北大讲授了在欧洲学习时完成的《诗论》(初稿)，应清华大学教授、中文系主任朱自清邀请，在清华为中文系、外文系研究生讲了近一年的《文艺心理学》(在欧洲求学时写就的未定稿)，又应在法国结识的老友徐悲鸿邀请在北平中央艺术学院讲授过《文艺心理学》，还在北京女子文理学院、辅仁大学兼授过英文。

朱先生有次同我闲聊，讲起有的研究他的学者问他，怎么当了那么多大学的教授。朱先生说，我确实在不少大学讲过课，比如，我在清华讲过《文艺心理学》，在北平中央艺术学院也讲过《文艺心理学》，但那只是讲一门课的教师，或叫讲师，并不是他们学校的教授，当时我只是北大教授，后来又当过四川大学、武汉大学的教授。他说有机会时他要将这个问题说清楚。后见《朱光潜全集》第10卷中有《答〈中国作家笔名探源〉编辑》一文，编者注明“此文约写于1983年。据手稿整理”。朱光潜在“答”中说：曾历任“上海大学的逻辑讲师；清华大学文艺心理学讲师；北京女子文理学院英文教师；北京艺术学院文艺心理学讲师”。

朱光潜当年在北大西语系讲课的情景，听过课的学生蒋炳贤这样回忆道：

> 1933年我在北京大学西洋语言文学系念书时，朱先生教授西

洋名著，上起荷马史诗、柏拉图的对话集及圣经文学，下迄20世纪现代派作家作品，他都作了透辟的讲述。后来，朱先生又为我们开设了一门欧洲文学批评课程，讲授西方文学批评发展史及重要文论的评价，从古代到中世纪、文艺复兴、启蒙运动时期以至于浪漫主义时期的主要文艺批评家、美学家，都有所涉猎。朱先生用英语讲授，语言流利畅达，条理清晰。一学年下来，我的听课笔记达五厚册之多。

朱先生所授的欧洲文艺批评课影响深远，对青年学生教育作用颇大。当时前来听课的很踊跃，不限于攻西洋语言文学的学生，哲学系的何其芳也每课必到。[1]

方敬在《意气尚敢抗波涛》文中也回忆说：

我直接亲见朱先生是我在北大上学的时候。他是外语系的教授，我是外语系学生。他在学生中具有威望。授课受欢迎，都愿选他的课。他开的都是重头课，如欧洲文学名著选读、西方文学理论批评、英国十九世纪文学之类，课重难读、在教学上素来要求严格。在课堂上他用带安徽味的英国音讲授，讲得扎扎实实，让学生认真记笔记，规定课外必读的和选读的作品和参考书。早上课，迟下课，两堂连课，课间往往不休息。他提倡学生自己阅读、思考、探讨、写作、翻译，让学生自己动脑动笔。他批改作业和指导论文任劳尽责。他讲授的内容，注重文学作品、文学理论和文学史的结合，客观地论述评价各家，连苏联的文学理论也要涉及，虽然只限于柯根教授的说法。上了他的课，学生总有所获，觉得充实和满意。甚至住在北大附近一带公寓的“偷听生”也慕名跑到红楼来

[1] 蒋炳贤：《一代宗师朱光潜》，原载《浙江画报》1986年第7期。

朱光潜在北大未名湖畔（1981 年吴泰昌摄）

“偷听”他的课。朱先生不像有些洋教授那样一股洋气，空口说洋话，虽然他在外国生活多年。他是一位受到尊重的笃学的良师。[1]

北大季羡林教授回忆朱光潜在清华大学讲授文艺心理学时说：

现在，在北京大学内外，还颇有一些老先生可以算做我的师辈。因为，我当学生的时候，他们已经是教授了。但是，我真正听过课的老师，却只剩下孟实先生一人。按旧日的习惯，我应该称他为业师。在今天的新社会中，师生关系内容和意义都有了一些改变。但是，尊师重道仍然是我们要大力提倡的。我对于我这一位业师，一向怀有深深的敬意。从今而后，这敬意的接受者就少掉重要

[1] 原载《群言》1986 年第 10 期。

的一个了。……

孟实先生在课堂上介绍了许多欧洲心理学家和文艺理论家的新理论，比如李普斯的感情移入说，还有什么人的距离说等等。他们从心理学方面，甚至从生理学方面来解释关于美的问题。其中有不少理论我觉得是有道理的，一直到今天我仍然记忆不忘。要说里面没有唯心主义成分，那是不能想象的。但是资产阶级的科学家，只要是一个有良心、不存心骗人的人，他总是会在不同程度上正视客观实际的，他的学说总会有合理成分的。我们倒洗澡水不应该连婴儿一起倒掉。达尔文和爱因斯坦难道不是资产阶级的科学家吗？但是，你能说，他们的学说完全不正确吗？我们过去有一些人习惯于用贴标签的办法来处理学术问题，把极其复杂的学术问题过分地简单化了。这不利于学术的发展。这种倾向到了“十年浩劫”期间，在“四人帮”的煽动下，达到了骇人听闻的荒谬的程度。“四人帮”竟号召对相对论一窍不通的人来批判爱因斯坦，成为千古笑谈。孟实先生完全不属于这一类人。他老老实实，本本分分，自己认识到什么程度，就讲到什么程度，一步一个脚印，无形中影响了学生。[1]

抗战前和朱光潜同在北大任教的沈从文教授，在谈到当年北平各所大学文科各系在培养人才方面所做的贡献时说：

提及这个扶育工作时，《大公报》对文学副刊的理想，朱光潜、闻一多、郑振铎、叶公超、朱自清诸先生主持大学文学系的态度，巴金、章靳以主持大型刊物的态度，共同作成的贡献是不可忘的。[2]

[1] 原载1986年3月14日《文汇报》。

[2]《从现实学习》，《沈从文文集》第10卷，第312页。

抗日战争爆发，1937 年 7 月 28 日北平沦陷，朱光潜辗转到达四川，应四川大学代理校长张颐之聘，在成都出任四川大学文学院院长兼外文系主任。朱光潜 1937 年 7 月 20 日上午在四川大学总理纪念周上演讲时说：

> 张校长这次邀我来到四川大学任文学院长，初先我本不敢承认，因为自觉能力有限，并且不熟悉四川各方面的情形。其次北京大学也已经对我下聘了，所以初先本已决定不能来到这里。兼之，我还对上海商务印书馆负有《文学杂志》编辑的责任。
>
> 后来，因北平已被日本占领，北京大学不能开学及其他种种关系，又才决意来川。但是也只打算在这里外国文学系任几点钟的功课，并没有意思任川大文学院长。来了以后，张校长一定要我担任这个职务，我也不便过于推辞，只好暂时代理着，以后请校长另觅贤才来接替。因为我个人不但没有这样才能，这样经验，而且我很爱清净，对于行政事务没有浓厚的兴趣，所以我在北京大学的时候，当局屡次要我任西洋文学系主任，我都没有答应。本来在我们现在这样环境底下，应当牺牲个人兴趣来干公家的事的。我这次贸然答应担任文学院的事，也是因为这点责任心。[1]

1941 年 9 月，朱光潜出任在四川乐山的武汉大学教务长兼外文系主任。

朱光潜在武大外文系时的情况，他的学生张高峰在《我所崇敬的朱光潜老师》文中有具体的回忆：

> 1939 年，我考入迁往四川的武汉大学，正巧教务长是朱光潜，

[1]《朱光潜全集》第 8 卷，第 566—567 页。

我高兴极了，很快便与他相识，从此近五十年未断往来。

朱先生给我留下的第一印象，是他的音容笑貌。他个子不高，前额宽阔，四十岁刚出头就有些驼背了。一双很像广东人的眼睛，讲课或思考问题时老是往上看。说一口安徽腔官话。

那时，武大的外文系是比较有名的，朱先生本身就兼外文系教授，由于他的关系请来方重、陈源、钱歌川、戴镏龄、孙家琇等教授。朱先生主讲几门必修课，难读的是"莎士比亚"，不及格便留级，所以每晚在自修室里都有学生"啃莎士比亚"。

我们一些爱好文学和新闻的同学，组织有"文联"、"新闻部队"等社团，每年春秋两季，必请朱光潜、叶圣陶、苏学林、钱歌川等教授郊游茶话，请他们指导学习和写作。

每逢星期天或假日，我常约一二同学去朱先生家请教。他家的陈设很简陋，引人注意的是满满的书架和书柜，陈列着硬皮精装的各种外文书籍，平装和线装的中文书籍，可以相信他们的主人是一位博古通今、融贯中西的学者。[1]

从四川大学转至武汉大学，朱光潜在人生旅途中经历过一次严峻的变化，他由不满和反对国民党，后被拉入国民党。他在1949年11月27日发表在《人民日报》上的《自我检讨》一文中说：

二十二年回国，我就在北大外文系任教。当时我的简单的志愿是谨守岗位，把书教好一点，再多读一些书，多写一些书。假如说我有些微政治意识的话，那只是一种模糊的欧美式的民主自由主义。二十六年抗日战事起，我转到四川大学。校长是一位北大哲学系的旧同事，倒是规规矩矩地办学，可是因为不会逢迎教育部长陈

[1] 原载1986年5月24日《人民日报》(海外版)。

立夫，过了一年就被撤了职，换了他的党羽程天放。当时我以一个自由思想者的立场，掀起风潮去反对。反对不成，我就辞了职离开四川大学。这是我生平第一次感到反动政府的压迫而起反抗。这消息传出去了，一位在延安做文化工作的先生曾经写信邀我去延安，我很想趁这个机会去看看我能否参加比较积极的工作。由于认识的不够和意志的薄弱，我终于辜负了这位先生的好意，转到武汉大学去继续教书。

在武大待了三四年，学校内部发生人事冲突，教务长没有人干，学校硬要拉我去干。干了不过一年，反动政治的压迫又来了！陈立夫责备王星拱校长，说我反对过程天放，思想不稳，学校不应该让我担任要职。王校长想息事宁人，苦劝我加入国民党，说这只是一个名义，一个幌子，为着学校的安全，为着我和他私人的友谊，我都得帮他这一个忙。当时我也并非留恋这个教务长，可是假如我丢了不干，学校确实难免动摇。因此，我隐忍妥协，加入了国民党。我向王校长的声明是只居名义，不参加任何活动。这是我始终引为内疚的一件事。参加一个政党本身并不是一件坏事，我所感到惭愧的是我以一个主张思想自由者，为了一时的方便，取这种敷衍的态度，参加了我不愿意参加的一个政党。

朱光潜在1980年9月写的自传中又说：

抗日战争爆发后，我就应新任代理四川大学校长的张颐之约，到川大去当文学院长。刚满一年，国民党二陈派就要撤换张颐而任用他们自己的“四大金刚”之一程天放。我立即挥动“教育自由”的旗帜，掀起轰动一时的“易长风潮”。在这场斗争中我得到了中国共产党的支持，沙汀和周文对我很关心，把消息传到延安，周扬立即通过他们两人交给我一封信，约我去延安参观。我也立即回信给周扬同志说我要去。但是当时我根本没有革命的意志，国民党通过我的一些留欧好友力加劝阻，又通过现代评论派王星拱和陈西滢几位旧友，把我拉到武汉大学外文系去任教授。这对我是一次惨痛的教训，意志不坚定，不但谈不上革命，就连争学术自由或文艺自由，也还是空话。到了一九四二年，由于校内有湘皖两派之争，我是皖人而和湘派较友好，王星拱就拉我当教务长来调和内讧。国民党有个老规矩，学校"长字号"人物都必须参加国民党，因此我就由反对国民党转而靠拢了国民党，成了蒋介石的"御用文人"，曾为国民党的《中央周刊》写了两年稿子，后来集成两本册子，一是《谈文学》，一是《谈修养》。[1]

朱光潜在1942年加入国民党之前，他在1939年1月20日写给时在延安的周扬的信中表示同情革命，向往延安。四十多年后，1982年10月16日，周扬给了朱光潜这封信的复印件，并同时给他写了这封信：

光潜同志：

"北大"为您举行任教六十年庆祝会，特向您表示衷心的祝贺。

四十年前您曾给我一信，虽经"文化革命"之难尚犹未毁，信中亦足见您的思想发展的片鳞半爪，颇为珍贵，特复制一份，赠送您，以志我们之间的友谊。

此致

敬礼

周扬十月十六日

[1]《朱光潜全集》第1卷，第6页。

朱光潜给周扬的这封信全文在1982年11月29日《人民日报》上得以公布。副刊编者在头条发表周扬和朱光潜两封通信之前加了一段话：

> 今年10月，在祝贺朱光潜教授任教六十周年之际，周扬同志写了一封贺信。信中提到朱光潜同志1939年写信给他的往事。我们今天将这两封信在副刊发表，并借此对我国许多老年知识分子毕生爱国爱民、追求光明的心意表示敬意。

朱光潜1939年1月20日写给周扬信的全文是这样的：

> 周扬先生：
>
> 你的十二月廿九日的信到本月十五日才由成都转到这里。假如它早到一个月，此刻我也许不在嘉定而到了延安和你们在一块了。
>
> 教部于去年十二月中发表程天放做川大校长，我素来不高兴和政客们在一起，尤其厌恶与程氏那个小组织的政客在一起。他到了学校，我就离开了成都。
>
> 本来我早就有意思丢开学校行政职务，一则因为那种事太无聊，终日开会签杂货单吃应酬饭，什么事也做不出，二则因为我这一两年来思想经过很大的改革，觉得社会和我个人都须经过一番彻底的改革。延安回来的朋友我见过几位，关于叙述延安事业的书籍也见过几种，觉得那里还有一线生机。从去年秋天起，我就起了到延安的念头，所以写信给之琳、其芳说明这个意思。我预料十一月底可以得到回信，不料等一天又是一天，渺无音息。我以为之琳和其芳也许觉得我去那里无用，所以离开川大后又应武大之约到嘉定教书。
>
> 你的信到了，你可想象到我的兴奋，但是也可想到我的懊丧。

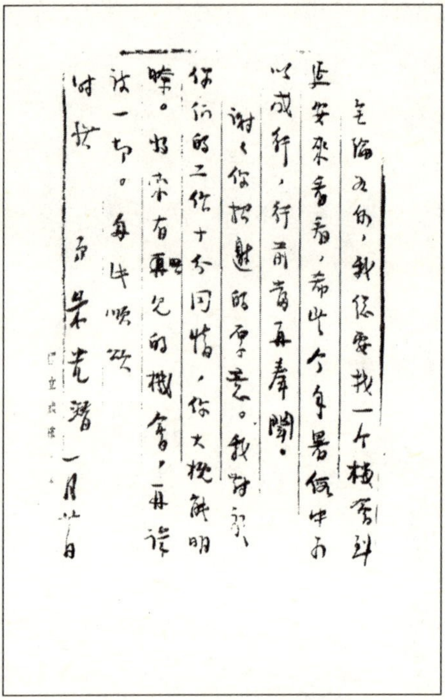

无论如何，我总要找一个机会到延安来看看，希望今年暑假中可以成行，行前当再奉闻。

谢谢你招邀的厚意。我对于你们的工作十分同情，你大概能明瞭。将来有晤见的机会，再详谈一切。匆此，顺颂

时祺

弟朱光潜　一月廿日

朱光潜1939年给时在延安的周扬信（局部）

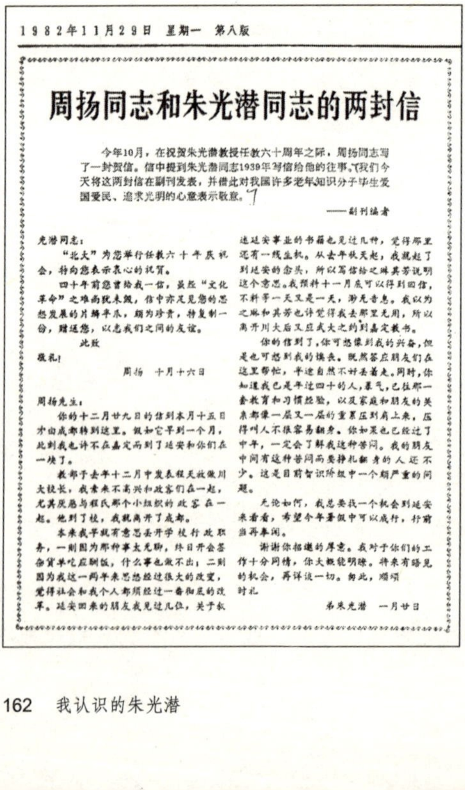

1982年11月29日　星期一　第八版

周扬同志和朱光潜同志的两封信

今年10月，在祝贺朱光潜教授任教六十周年之际，周扬同志写了一封贺信。信中提到朱光潜同志1939年写信给他的往事。我们今天将这两封信在副刊发表，并借此对我国许多老年知识分子毕生爱国爱民、追求光明的心意表示敬意。

——副刊编者

光潜同志：

“北大”为您举行任教六十年庆祝会，特向您表示衷心的祝贺。

四十年前您曾给我一信，虽经“文化革命”之难而犹未毁，信中亦足见您的思想发展的片鳞半爪，颇为珍贵，特复制一份，赠送您，以志我们之间的友谊。

此致

敬礼！

周扬　十月十六日

周扬先生：

你的十二月廿九日的信到本月十五日才由成都转到这里。假如它早到一个月，此刻我也许不在嘉定而到了延安和你们在一块了。

教部于去年十二月中发表程天放做川大校长，我素来不高兴和政客们在一起，尤其厌恶与程氏那个小组织的政客在一起。他到了校，我就离开了成都。

本来我早就有意思去开学校行政职务，一则因为那种事太无聊，终日开会签杂货单吃应酬饭，什么事也做不出；二则因为我这一两年来思想经过很大的改变，觉得社会和我个人都须经过一番彻底的改革。延安回来的朋友我见过几位，关于叙述延安事业的书籍也见过几种，觉得那里还有一线生机。从去年秋天起，我就起了到延安的念头，所以写信给之琳其芳说明这个意思。我预料十一月底可以得到回信，不料等一天又是一天，渺无音息。我以为之琳和其芳也许觉得我去那里无用，所以离开川大后又应武大之约到嘉定教书。

你的信到了，你可想像到我的兴奋，但是也可想到我的惆怅。既然答应朋友们在这里帮忙，半途自然不好丢着走。同时，你知道我已是年过四十的人，暮气，已往那一套教育和习惯经验，以及家庭和朋友的关系都像一层又一层的重累压到肩上来，压得叫人不很容易翻身。你如果也已经过了中年，一定会了解我这种苦闷。我的朋友中间有这种苦闷而要挣扎翻身的人还不少。这是目前智识阶级中一个颇严重的问题。

无论如何，我总要找一个机会到延安来看看，希望今年暑假中可以成行，行前当再奉闻。

谢谢你招邀的厚意。我对于你们的工作十分同情，你大概能明瞭。将来有晤见的机会，再详谈一切。匆此，顺颂

时礼

弟朱光潜　一月廿日

为庆贺朱光潜执教六十周年，《人民日报》发表了他和周扬的通信

既然答应朋友们在这里帮忙，半途自然不好丢着走。同时，你知道我已是年过四十的人，暮气，已往那一套教育和习惯经验，以及家庭和朋友的关系都像一层又一层的重累压到肩上来，压得叫人不得容易翻身。你如果也已经过了中年，一定会了解我这种苦闷。我的朋友中间有这种苦闷而要挣扎翻身的人还不少。这是目前智识阶级中一个颇严重的问题。

无论如何，我总要找一个机会到延安来看看，希望今年暑假中可以成行，行前当再奉闻。

谢谢你招邀的厚意。我对于你们的工作十分同情，你大概能明。将来有晤见的机会，再详谈一切。匆此，顺颂

时礼

弟朱光潜一月廿日

许多读到朱光潜1939年写给周扬的这封信的人，对朱先生增进了认识。季羡林先生说：

我常常想，在解放前，中国的知识分子大概分为三类：先知先觉的、后知后觉的、不知不觉的。第一类是少数，第三类也是少数。孟实先生（还有我自己），在政治上不是先知先觉，但又决非不知不觉。爱国无分少长，革命难免先后，这恐怕是一条规律。孟实先生同一大批旧社会来的知识分子一样，经过了几十年的观察与考验、前进与停滞，既走过阳关大道，也走过独木小桥，最终还是认识了真理，认为共产党指出的道路是唯一正确的，因而坚定不移地在这一条路上走下去。孟实先生有一些情况我原来并不清楚。只是到了前几年，我读到他在抗战期间从重庆给周扬同志写的 封信，我才知道，他对国民党并不满意，他也向往延安。我心中暗自谴责：我没有能全面了解孟实先生。总之，我认为，孟实先生一生是大节不

亏的。他走的道路是一切正直的中国知识分子都应该走的道路。[1]

抗日战争胜利后，1946年冬，朱光潜辞去武大职务到北平，重回北大执教，担任北大西方文学系教授、系主任，1947年9月至1948年8月代理过北大文学院院长，解放后，一直是北大西方语言文学系教授，1957年重定为一级教授。和朱光潜同在北大西语系任教的冯至教授说："解放前，他的思想比较右倾……有的人思想虽然右，但在做学问和道德修养方面只要态度是严肃认真的，就有可取之处。解放后朱先生通过不断地学习，努力改造，进步很大，给旧知识分子，也给年轻人做出了好的榜样。""解放前他那些'右'的言论也是本着他的良心讲的，应该得到理解，解放后他努力学习马列主义也是真诚的。"[2]

解放前，朱光潜在北大西语系讲授欧洲文艺批评史和世界文学名著选读课，解放后系里分配给他的是英语翻译课，让像朱先生这样资深的教授去教英语翻译课，许多人都认为这样安排欠妥，朱先生本人却并不这样看，他认为翻译课也重要，学生练好翻译本领是进一步研究西方文学的基础，他同样认真备课、讲课，严于要求学生。他的学生、学者朱虹在《我的老师朱光潜先生》文中对朱先生的教诲深有体会：

> 朱光潜先生，我五十年代的尊师。晚年，他曾被授予各种荣誉的头衔和职位。但在我的心目中，他还是身着简朴布衣讲授翻译课的老教授。他精心备好课，从无一句赘言。我们交的作业，他总是仔细看过。然后，他把大家关于某一词语的不同译法一一列出，择其最佳者，再解释原由。能得到他的肯定，是我们同学最珍惜的一种荣誉。他又是铁面无私的公正，以同样的不偏不倚

---

[1] 原载1983年3月14日《文汇报》。

[2] 邹士方：《冯至谈朱光潜》，邹士方、王德胜著《朱光潜宗白华论》，香港新闻出版社1987年版。

的态度指出我们的错误。有一次，他要我们把一篇中文译成英文，题目是《与冰的斗争》。我将英文题目译为《人冰之间》，得意地交上了作业。但是出乎我的意料，他并没有表扬我，“当然，我注意到了，你是在借用斯坦倍克的《鼠人之间》来使你的题目更为醒目。但是，后者的用词中有一种我们的作业中不存的联想。为什么不朴素无华、直截了当呢？”是的，朴素无华、直截了当，这就是先生的风格，这也是他的人品，是他留给我们这些学生的宝贵遗产之一。[1]

朱光潜十分重视翻译工作，他认为一篇高质量的翻译，其学术价值要高于内容空泛的论文。夏珉（艾珉）在回忆朱先生给她上翻译课时也说：

翻译当时不是我的主攻方向，但朱先生没有忽视这方面的训练。他不时让我做些翻译练习，且亲自批改。他说翻译是提高外语水平的好办法，你自以为理解了的东西，一落到文字上却常常暴露出并未透彻理解，这样就能迫使你在钻研原文上多下功夫。他告诉我：“翻译的第一要领是吃透原文。只有尚不理解的，没有不可翻译的。你若觉得某些句子难以言传，或译出来别扭，首先要考虑是否把原文吃透了。每本书都有它的难点，遇到这种地方，千万不能连猜带蒙地混过去，你硬着头皮把它攻下了，水平就高了。”他还说：“扎实的外语基础仅仅是从事文学翻译的前提条件，而功力的深浅却与知识水平、文化修养、生活阅历、感受能力，乃至感情的细腻程度密切相关。每个外文字都认识不一定能理解，字面上理解不等于理解了其内涵，只有全面地理解了作者，才能吃准他每一个

[1] 原载《人民文学》1986年第5期。

词、每一句话的潜在含义。”朱先生不喜欢文字花哨，而是强调译文的清晰易懂，他说：“清晰本身就是一种美。”朱先生的译文给人的突出印象正是清晰。像《黑格尔美学》这样的作品，很难想象能有人比朱先生译得更为清晰畅达。有人告诉我说，他读黑格尔美学的原著没看懂，读朱先生的译文倒都看懂了。[1]

朱光潜提倡学术争鸣，论辩时坚持己见，但不影响与论辩对方的关系和友谊，也就是他常说的“求同存异，不伤友谊”。朱先生有众多的受业弟子，也有众多没有听过他的课，常向他讨教的“学生”，他们中有些虽与朱先生就美学问题展开辩论，但对朱先生待人的长者风范印象深刻，心里感激他，尊敬他。美学家李泽厚1954年毕业于北大哲学系，没有听过朱先生的课，他在《悼朱光潜先生》文中说：“我和朱先生是所谓‘论敌’，五十年代激烈地相互批评过，直到朱先生暮年，我也不同意他的美学观点。这大概好些人知道。但是，我和朱先生两个人一块喝酒，朱先生私下称赞过我的文章……我那第一篇美学文章是在当时批朱先生的高潮中写成的。印成油印稿后，我寄了一份给贺麟先生看。贺先生认为不错，便转给了朱先生。朱先生回信给贺说，他认为这是批评他文章中最好的一篇。……当时我二十几岁，虽已发了几篇文章，但毕竟是言辞凶厉而知识浅薄的‘毛孩子’。这篇文章的口气调门便也不低，被批评者却如此豁达大度，这相当触动了我。”[2] 复旦大学教授蒋孔阳，也是研究美学的，1954年在北大中文系进修过文艺理论，曾登门向朱先生讨教，切磋美学问题，他说：“朱光潜虽然没有教过我的课，但我学习美学却是从读他的著作开始的，应当说是我的私淑老师和启蒙老师。”[3] 蒋先生在收到朱先生寄赠

[1] 夏玟：《朱光潜先生和我的师生情谊》，待刊。

[2] 原载1986年3月20日《人民日报》。

[3]《朱光潜宗白华论》，第1页。

给他的《艺文杂谈》后，在上海曾同我说：我同朱先生的美学观点虽不同，也有过文笔交锋，但朱先生尊重我，诚恳待我，我遇到研究上的一些问题当面或写信向他请教，他都一一作答，并建议我去看哪些图书资料。1979 年蒋孔阳给朱先生寄赠《复旦学报》第 5 期，朱先生很快读了蒋孔阳的《建国以来我国关于美学问题的讨论》一文，他在同年 4 月 5 日给蒋孔阳的回信中说，该文“对当时论争中各派所持的要点作了简赅明了的概述，持论之极公允”，并认为“这是多年没有见到的一篇好文章”。[1] 夏珉 1960 年在北大召开的一次“人性论”讨论会上曾当面反驳和批判过朱光潜在会上的发言，当西语系要给朱先生从本系年轻的助教中挑选一名助手并征求他意见时，朱先生主动提出夏珉。夏珉说：“我简直惊呆了。我没想到朱先生如此豁达大度，毫不计较我过去对他的冒犯，还有心收我为弟子，真让我有些受宠若惊。”[2] 美学家洪毅然先生抗战期间常向朱先生借阅美学著作，“助我之厚，迄未或忘”。在美学大讨论中，他们各抒己见，反复论辩。朱先生对他说：“看来，您既说服不了我，我亦说服不了您，彼此恐怕只得‘求同存异’而已！求同存异，丝毫无伤于友谊。”洪毅然在《悼朱老》文中称赞朱光潜先生“不愧为我国近代继王国维、蔡元培之后的一代美学大师”。[3]

朱光潜治学严谨，对学生要求严格，对有名气、有地位的人，只要请他看译稿或文稿，也都直率地提出自己的意见。1956 年 12 月人民文学出版社出版《萧伯纳戏剧集》，其中有老舍译的《苹果车》，老舍通过出版社请朱光潜帮校读译稿。朱光潜校读后提了些意见，他在给“老舍兄”的信中说：

---

[1]《朱光潜全集》第 10 卷，第 466 页。

[2] 夏珉：《朱光潜先生和我的师生情谊》，待刊。

[3]《朱光潜纪念集》，第 67—68 页。

朱光潜给北大青年学生辅导美学（桑祥森摄）

你的译文我读过两遍，有些地方你译的很灵活，我在这里面学习到了不少东西。但是总的说来，对于读过你的作品的人，这部译文倒不大像出于你的手笔。人家一看到，就感觉到这是翻译，而且有些地方直译的痕迹相当突出。我因此不免要窥探你的翻译的原则。我所猜到的不外两种：一种是小心地追随原文亦步亦趋，寸步不离；一种是大胆地尝试新文体，要吸收西文的词汇和语法，来丰富中文。无论是哪一种，我都以为是不很明智的。理由很简单：第一，你没有尽量利用你所特别擅长的中文口语，本来是个打枪的能手，现在却要耍大刀，这就不一定能操必胜之券；其次，你在读者群众中威信和影响都很大，从你手里出来的文字，无论是自己作的还是译的，都是许多青年学习的对象；我们现正在争取汉语的规范化，说到究竟，真正促成语文规范化的还是在群众中有威信的作家，你也不能不注意到这一点。

文学出版社只是叫我注意对原文的忠实，没叫我对中文提意见。我仔细校对以后，觉得少数地方对原文意义小有出入，还是些次要的问题，主要问题还是在中文方面。自恃和你多年相识，才敢冒昧提出上面一点很直率的意见，我想你会了解而且原谅这一点忠直的意思。

用铅笔在原稿上的建议仅供你自己最后校改时的参考，有些地方我或不免主观，只能批判地接受。另附一表，就你直译痕迹很突出的分类举例！如果你在原则上同意我的看法，你在作最后校改时恐怕就要在这些地方多注意。[1]

1984年1月，胡乔木将自己写的《关于人道主义和异化问题》尚未发表的稿子送给朱光潜提意见，并同时附有一信[2]：

光潜先生：

送上拙稿一篇，因涉及的问题很多，其中有不少是我未尝深造，只有一知半解的，文中必有不适当或很不适当的地方，敬请毫不客气地予以斧正，不胜感荷。

您是我素来敬重的学者。解放以后，您对我国学术界的贡献不胜枚举。您在劫后已是八十余的高龄，仍然每天勤奋工作，这种生命不息、战斗不止的革命精神，尤为令人感激敬佩。尽管偶然有些见解未敢苟同，亦未尝受业，但是我仍把您看做我的老师。我正是以这种心情向您求教的，想不致见外。

此稿已在征求首都各方专家意见，将根据征得的意见最后进行一次总的修改。

[1]《朱光潜全集》第10卷，第38页。
[2]《朱光潜宗白华论》，第73—74页。

为此要消耗您的精力与时间，特预致谢忱。

敬礼

胡乔木

一九八四年一月十二日

朱光潜在1月17日给胡乔木复信，信中说：

首先我要感谢的是它（指胡乔木信）对我的唯心主义的人性论和人道主义痛下的针砭，在这一点上我想从中获得教益的在我们同行中还有不少人。我目前还有两方面没有想得很通，一点是把世界观和历史观与“伦理原则”和“道德规范”两种不同的观点的人道主义（这一句原信如此），“伦理原则”和“道德规范”是否可以独立于历史唯物主义和辩证唯物主义之外的？另一点是当前争论得很多的“异化”现象。《巴黎手稿》对于异化的说明我认为说得很清楚，一种是劳动果实异化到他人手里，一种是人的本质力量没有能发挥应有的作用。这两种现象我们每天在报纸上随时可以找到实例，成为整党整风的重要项目。马列主义理论工作者对此似不宜忽视。[1]

1982年10月18日，北京大学举办了朱光潜先生任教六十周年庆祝会，会场在未名湖畔临海轩，八十五岁的朱光潜身着蓝上衣缓步来到会场。叶圣陶、萨空了、王朝闻、冯至、卞之琳、闻家驷、任继愈等前来祝贺，会前胡乔木亲自来家中看望，正在病中的周扬也派家人来看望，有些年事已高不能亲临的也派家属或带话来向朱光潜先生道贺。大家回忆往事，列举事例，共同称赞朱先生毕生为教育事业所做出的宝贵

[1]《朱光潜宗白华论》，第74页。

1982年10月16日朱光潜在北大为其举办的执教六十周年座谈会上

贡献。见到这么多同事老友和学生，朱光潜心情激动，他在庆祝会结束时说："只要我还在世一日，就要做一天事，'春蚕到死丝方尽'，但愿我吐的丝加上旁人吐的丝，能替人间增加哪怕一丝的温暖，使春意更浓也更好。"

朱光潜在庆贺执教六十周年之后不到四年就与世长辞了，海内外文化界、学术界和教育界都普遍关心对他一生的评价。

1986年3月17日，朱光潜教授遗体告别仪式在北京八宝山隆重举行。《人民日报》次日刊发了新华社17日的电讯。电讯中说："赵紫阳同志送了花圈，中央其他领导同志邓颖超、习仲勋、李鹏、胡乔木、胡启立、王兆国、彭冲、周谷城也送了花圈，并参加了遗体告别仪式。"

我注意到在遗体告别仪式中，以其他身份参加的文化界、学术界、教育界的著名人士和"生前友好"的名单中有：周培源、费孝通、楚图南、钱伟长、叶笃义、陶大镛、雷洁琼、丁石孙、钱端升、钱逊、陈岱

兹订于一九八五年五月廿四日上午十时在北京大学临湖轩举行朱光潜教授接受香港大学名誉博士证书仪式。

敬 请 光 临

北 京 大 学

一九八五年五月

北京大学为朱光潜教授举行接受母校香港大学名誉博士证书仪式请柬

1983 年 6 月朱光潜前往“多学科学术讲座”发表演讲

孙、季羡林、王力、钱锺书、冯至、吕叔湘、江泽涵、贺麟、黄镇等。我多次参加过这类遗体告别仪式，像这天前来参加的著名学者、教授之多是罕见的。钱锺书先生是极少参加这类活动的，而王力先生是抱着重病来的，不到两个月他也长逝了。

新华社播发的“朱光潜同志生平”中说：

> 朱光潜同志是我国著名的美学家、文艺理论家和教育家。他早年的《悲剧心理学》、《文艺心理学》、《谈美》、《变态心理学派别》、《诗论》、《谈文学》、《克罗齐哲学述评》等学术著作，就以文笔优美精练、资料翔实可靠、说理清晰透彻、见解独到精辟，而蜚声于海内外学术界。解放以后，朱光潜同志努力学习马克思主义毛泽东思想，并用以指导美学研究，在我国美学教学和研究领域作出了开拓性的贡献。五十年代在全国范围的美学问题大讨论中，他起了积极作用，出版了《美学批判论文集》。六十年代，他撰写的《西方美学史》，是我国第一部全面系统地阐述西方美学思想发展的专著，代表了迄今为止我国对西方美学研究的水平，推动了我国美学教育和研究工作。“文化大革命”期间，他在受到严重迫害的逆境中，认真系统地学习马列主义原著，进行学术研究。近年发表的大量论文以及《谈美书简》、《美学拾穗集》等专著都凝结着他在此期间刻苦学习和潜心钻研的心血。……朱光潜同志视野开阔，对中西文化都有很高的造诣。在他的七百多万字的论著和译著中，对中国文化作了深入研究，对西方美学思想作了介绍和评论，融贯中西，创立了自己的美学理论，在我国文学史和美学发展史上享有重要的地位。他几十年如一日孜孜不倦辛勤劳动，为中国人民留下了宝贵的文化财富。
>
> 朱光潜同志 生致力于教育事业，对学生和中青年教员满腔热忱，循循善诱。他以渊博的知识、敏锐的分析能力、严谨的治学方

法和严肃认真的教学态度，为祖国培养了大批人才，桃李满天下，其中许多人早已成为国内外知名的学者。

在旧中国的漫长岁月中，朱光潜同志是位以救国兴邦为己任的爱国知识分子，尽管道路有过曲折，但他追求真理，向往光明，在复杂的斗争中，辨明了方向，看清了历史发展的潮流。在1948、1949年初的关键时刻，断然拒绝国民党当局的利诱威胁，毅然决定留在北京，与广大人民一起迎接解放，为此，他曾兴奋地说“我像离家的孤儿，回到了母亲的怀抱，恢复了青春”。

解放后，朱光潜同志学习和信仰马克思主义，拥护党的领导，坚持社会主义道路，对党赤诚相见，肝胆相照。尽管他曾遭到不公正的待遇，但从未动摇过对党、对社会主义的信念以及为祖国、为人民服务的决心。粉碎“四人帮”以后，他衷心拥护党的十一届三中全会以来的路线、方针、政策，精神振奋、老当益壮，积极翻译名著、撰写文稿、发表演讲、指导研究生，在学术研究和教育领域驰骋不懈，成就斐然，鞠躬尽瘁，死而后已。1983年3月，他应邀去香港中文大学讲学，一开始就声明自己的身份：我不是一个共产党员，但是一个马克思主义者。这就是他对自己后半生的庄严评价。

朱光潜同志的逝世是我国文化界、学术界和教育界的一大损失。[1]

[1]《朱光潜同志生平》，载《朱光潜纪念集》。

扑在《新科学》上面

朱光潜是位不倦的爬山人，1980年他已八十三岁高龄，他决心“走抵抗力最大的路”[1]，着手翻译18世纪启蒙运动著名学者维柯（Giovanni Battista Vico）的代表作《新科学》。1980年2月25日他在给陈望衡的信中说：“我今后不招研究生，精力不够了。今年拟译维柯的《新科学》，也不写应酬文了。”[2]

《新科学》内容广泛而深奥，文字也极为难译。钱锺书得知朱光潜在译《新科学》时曾对我说：“朱先生很勤奋，近九十的人了，还在翻译这样的著作，是很费精力的。”[3]朱光潜明知翻译《新科学》的巨大难度，他说：“我译的书以这部《新科学》为最吃力了。”

朱光潜为何要去啃这块最难啃的骨头呢？这是因为，他越来越认识到《新科学》重要的历史价值。他说：“因为我的美学入门老师是意大利人克罗齐，而克罗齐是维柯的学生。克罗齐早已说过，美学的真正奠基人不是鲍姆嘉通，而是维柯。所以研究美学就不能不知道维柯。”[4]

朱光潜认为维柯比克罗齐更伟大。他说：“我学美学是从研究意大

[1]《朱光潜全集》第10卷，第725页。

[2]《朱光潜全集》第10卷，第488页。

[3]拙作《我认识的钱锺书》，上海文艺出版社2005年版，第68页。

[4]《朱光潜全集》第10卷，第666页。

美学老人壮心不已治学不倦

利人克罗齐（Croce）的观点开始的。他是当时欧洲公认的美学大师，大家都在学他，所以我所读的其他美学家的书，有许多都受他的影响。后来，我对他的某些观点不大满意，在 30 年代时写了《克罗齐哲学评述》一书，其中就有阐述。以后，我又研究他的老师维柯的著作，发现克罗齐的美学观点和维柯的不完全一样，我认为维柯更伟大。我花了差不多三年时间，把维柯原著《新科学》翻译出来。”[1]

朱光潜之所以认为维柯“更伟大”，是因为维柯提出了美学的“实践观点”，“‘实践观点’是维柯提出的。马克思也是‘实践观点’，马克思是很佩服维柯的，他写给拉萨尔的一封信中说，你好像没读过维柯，维柯对你的问题不一定有多么大的帮助，但维柯看问题的思想方法，对你会有帮助。今天，我谈这段话的意思就是要坚持马克思所强调的‘实

[1]《朱光潜全集》第 10 卷，第 652 页。

朱光潜八十三岁始着手翻译维柯《新科学》(1980 年，桑祥森摄)

践观点'" [1]。

朱光潜在《西方美学史》中有一章专门介绍维柯，但他自己认为"写的很片面，我很不满意"，"关于维柯最重要的是形象思维的一些精辟见解，是从具体的事物来想问题，再很好地把它表现在文艺作品中去。所以，到晚年，我还要深入地研究维柯。特别使我受益的就是关于人类思维发展的见解"。[2]

我和朱先生接触较多的时期，正是他翻译维柯《新科学》那段时间。他和我的交谈或给我的书信，几乎离不开维柯《新科学》的话题。我深切感受到他在为译好《新科学》与生命争分夺秒，他是全身心扑在《新科学》上面的。

1980 年 10 月 8 日上午，朱先生为编选《艺文杂谈》事约我去北

[1]《朱光潜全集》第 10 卷，第 671 页。
[2]《朱光潜全集》第 10 卷，第 671 页。

大，他在楼上小书房里同我谈了两个小时。他欣喜地告诉我，《新科学》已开始翻译了，还顺利。《新科学》原文本是意大利文，朱先生精通英、法、德文，但不懂意大利文和拉丁文，他翻译主要是靠英译本，再参考其他语种的译本。我见他的书桌上、椅子上堆满了西洋书，他说，已从北大图书馆借来了需要用的书，有些资料还要去西语系资料室临时查找翻阅。现在最怕的是开会或临时有不得不写的文章分心。他说，你代上海《解放日报》约我写回忆上海立达学园和开明书店的文章，可以写得不长，但也得花几天时间去查资料，回想回想。现在人老了，不能同时做几件事，做完一件才能做下一件。《新科学》的翻译不时会临时中断。

1981年4月21日，朱先生来信约我"23日或24日下午"在"敝寓小饮"，朱先生高兴地对我说，《新科学》译稿已过半。他说，先译出一遍并不太难，关键是初译时遗留下来的一些问题，校改时要花很多时间，看来校改一遍不行，要校改几遍。他感到时间特别不够用，他已定当月27日去承德参加大百科全书编委会，约半个月后，才能接着译《新科学》。

1981年5月21日，朱先生在给我的信中说"近为《大百科全书·外国文学卷》审阅部分稿件，还是很忙乱"，随信又寄回帮我阅看的《艺文杂谈》编后记，可见，他虽想要集中精力翻译《新科学》，"杂事"还是不断烦扰。

1981年8月底，朱先生完成了《新科学》全书草译稿，紧接着又着手翻译维柯的《自传》。关于维柯的《自传》，家人和朋友曾建议他请别人代译，朱先生坚持还是自己译，他说，累就累一个人好了，别人也都有自己计划好了的事要做。他在1981年9月10日给我的信中说："现在仍续译'自传'，大约两三万字，不久即可付钞。接着就想将《新科学》的第一章草稿仔细校改一遍，设法解决原来搁下的一些疑难处，年老事多，工作效率低，如明年底能定稿，那就算是好事了。"

1981年暑假朱先生因忙于参加多次会议，《新科学》的翻译不得

朱光潜译完《新科学》后在家中小憩（吴泰昌摄）

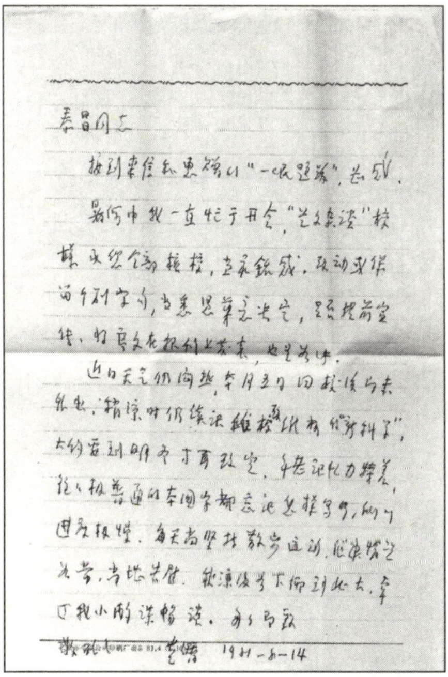

泰昌同志：

接到来信和惠赠的"一帐题签"，甚感。

最近中我一直忙于开会，"艺文杂谈"校样已经全部校好，未承铭裁，改动或保留个别字句，由您思量决定，至于提前宣传，[illegible]，也是可以。

近日天气仍闷热，本月五日回校，[illegible]。精神时仍继续译维柯的《新科学》，大约要到明年才可脱稿。年老记忆力特差，往往极普通的常用字都忘记怎样写了，所以进度极慢。每天尚坚持散步运动，[illegible]，尚堪告慰。秋凉后如能下乡到北大，来过我小斋谈谈。即此致

敬礼

光潜 1981-8-14

朱光潜在《新科学》翻译快结束前给作者的信

不停顿下来。他在8月14日给我的信中说："暑假中我一直忙于开会。……近日天仍闷热，本月5日回校后即未外出，稍凉时仍续译校改维柯的《新科学》，大约要到明冬才可以改定。年老记忆力特差，往往极普通的本国字都忘记怎么写了，所以进度极慢。……秋凉后如下乡到北大，幸过我小酌谋畅谈。"

1981年11月初，我写信给朱先生，告诉他《艺文杂谈》安徽人民出版社已付印，下月能出版。11月9日朱先生在给我的复信中说："我的寓所正在大翻新中，全家都挤在楼间半小房里，住于斯，做饭于斯，睡于斯，实在很狼狈，所以很久没有给您写信……现校改《新科学》译稿已过半，大约明春可以付钞和付印。"我收到信的第二天去上海，回来后即去看望他。去时他正坐在室外藤椅上校改译稿，他说译稿校改得很凌乱，现在他写的字别人也很难识别，准备请在安庆师范学院中文系工作的侄儿朱式蓉来帮他付钞一遍，清楚的稿子责任编辑看起来方便。他叫我陪他在燕南园里走走，问我此次去上海的情况，突然他又叫我陪他回家，他说刚想起有一处译文要改动，要不马上记下来，容易忘了，连声说现在记忆太坏了。

朱先生用在校改《新科学》上的精力要比翻译时花费得多。1982年3月，他已将《新科学》译稿校改了一遍，他在4月3日给我的信中说："《新科学》译稿大致已校改一遍，仍不满意，想再校改一遍。"

朱先生在翻译《新科学》同时，将自己对《新科学》的进一步认识和理解以及有关资料陆续撰写和翻译成有关文章发表。1981年12月在《外国文学》第4期发表了《维柯的〈新科学〉简介》和译作《〈新科学〉第3卷：发现真理的荷马》；1982年10月出版的《中国大百科全书·外国文学》中收入朱光潜撰写的"维柯"和"启蒙运动"两个条目；1983年3月，朱光潜应香港中文大学新亚书院院长金耀基邀请，赴香港主持新亚书院第五届"钱宾四（钱穆）先生学术文化讲座"，发表了题为《维柯的〈新科学〉及其对中西美学的影响》的演讲。朱先生对

《新科学》的作者——18世纪启蒙运动著名学者维柯像

为翻译《新科学》，朱光潜经常到北大图书馆和北大西语系查找、核对资料

这次赴港十分重视，这是他解放后第一次出境作学术交流活动，充分准备了演讲稿。他在赴港前3月8日给我的信中说："本拟于3月10日启程赴港，至今护照尚未办妥，赴港或需延期。……赴港返京后再谋畅谈。"朱先生从香港返回北京后，感到疲劳，不久即住院检查、治疗，《新科学》译作有些收尾事也因此一再拖延下来。是年12月，他为译作《新科学》写了译后记。

1984年3月31日下午，我去看望朱先生，平日他爱说自己"日渐衰老"，我还不怎么觉得，那天突然觉得他真的衰老了。他一再重复地告诉我《新科学》已全部译完，译稿已交人民文学出版社了，希望早点能见到书。他在签名送书给我时说，他过去很自信自己的记性，现在不行了，对眼下的一些人和事会突然想不起来，对过去的人和事还偶尔能想起。他庆幸在自己记性还清楚时将《新科学》译完了。

1983 年，朱光潜（中）与阔别四十年在台湾的史学家钱宾四（钱穆，左）在香港亲切相晤，右为新亚书院院长金耀基（林翠芬摄）

1984 年 9 月 30 日下午，我去看朱先生时，他还在睡觉。朱师母说朱先生住院刚回家，怕他上楼睡不方便，已改在楼下睡觉。十分钟后，朱先生由阿姨搀扶着从卧室到客厅坐在藤椅上，气色看上去还好，胖了些，就是反应、行动比过去明显迟钝，也不爱说话。师母说朱先生现在还整天在担心《新科学》译稿中还会存在不足之处，这次住院前，休息得还算不错，译《新科学》时借用的书已还校图书馆了，有次他借散步名义又偷偷地去图书馆借，书太重拎不动，图书馆的工作人员发现后帮他拎回家，朱先生想将后来补写的《关于〈新科学〉中一些中译词的说明》中的有些部分再仔细校看一遍。

1984 年 11 月 17 日，叶至善打电话告诉我，朱先生又住进友谊医院，朱师母说朱先生有时说点胡话，自言自语地说维柯、《新科学》……情绪稳定下来又正常了，记不得说过的话。朱师母说，朱先生希望自己能再活几年，等《新科学》出来后，就什么也不想干，彻底休息了。

1985 年 10 月 1 日上午，我给朱先生电话，本想问候他的身体，朱师母接的电话，她高兴地说大夫告诉她，朱先生得的病不是脑血栓，是

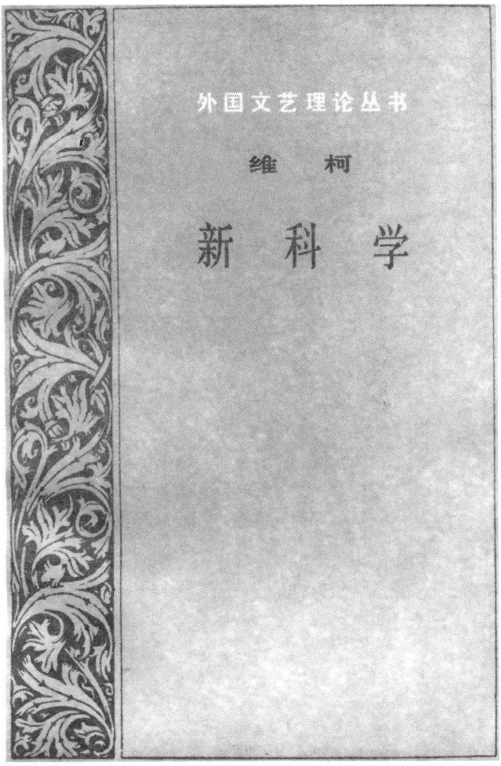

朱光潜逝世后两个月，人民文学出版社出版了他翻译的《新科学》

局部脑萎缩。朱先生知道自己真实的病情后也很高兴，说《新科学》译稿交出后，心里像放下了一块大石头。这次翻译比译黑格尔的《美学》三卷四本吃力，全身像脱了一层皮，稿子译完了，全身软了。

1985年11月18日下午，我去看朱先生，朱先生又住院刚回家。这次原是去医院检查脑病的，临时发现腿脚有毛病被留下检查。朱师母说，在医院里朱先生还在一心惦记《新科学》出版的事，出版社原说二季度发稿，现在又推迟了。朱师母感慨地说：就是为翻译这本《新科学》，朱先生把身体搞垮了。

朱先生在临终前可数的日子里，一直焦急地翘盼能亲眼看到《新科学》的出版，在他逝世后两个月，这部近五十万字的译著终于出版了，朱师母含着泪说，朱先生未能亲眼见到书，这是他未了的最大心愿。

季羡林先生在悼念朱光潜先生时动情地说："在工作方面，他抓得非常紧，他确实达到了壮心不已的程度。他译完了黑格尔的美学，又翻译维柯的著作。这些著作内容深奥，号称难治，能承担这种翻译工作的，在世没有第二人，孟实先生以他渊博的学识和湛深的外语水平，兢兢业业，勤勤恳恳，争分夺秒，锲而不舍，'焚膏油以继晷，恒兀兀以穷年'，终于完成了这项艰巨的工作，给我们留下了宝贵的财富，得到了学术界普遍的赞扬。"[1]

[1]《他实现了生命的价值——悼念朱光潜先生》，原载 1986 年 3 月 14 日《文汇报》。

留下了宝贵的文化财富

朱光潜著作和译作等身，约有七百多万字。朱先生去世后，安徽教育出版社着手编辑出版他的全集，1987 年至 1993 年陆续出齐了《朱光潜全集》，共二十卷。

出全集的事是朱先生生前同意定下来的。1986 年 2 月下旬，安徽省出版局副局长陶有发到中央党校学习，他请我联系朱先生商谈安徽出版朱先生全集事宜。那天下午，我和陶有发同志来到朱先生家。朱先生当时在治疗和休养中。陶有发先问候朱先生的身体，说家乡出版社很希望能出朱老的全集，恳切希望能得到朱老的支持。朱先生说：安徽经济欠发达，为出版我这些不成熟的东西经济上破费，实在过意不去。陶有发说我们会出好的，您一生的著作也是家乡人民的宝贵的财富，经济上的事您老不必操心，已做好了安排。当时各地出版社已开始酝酿出版一些名人的全集，而朱先生的全集也在北京、上海几家出版社的考虑之中，但他高兴全集能落户家乡。陶有发先告辞，朱先生叫我留下，他同我谈了对编全集的几点想法，谈话时朱师母也在一旁。

朱先生乡情很浓，他说："我是安徽人，是在安徽文化传统和师生提携之下哺育起来的。"[1]

---

[1]《艺文杂谈》，第 1 页。

朱先生说，由于他的经历比较曲折复杂，文章涉及的内容也广泛驳杂，请几位老友做顾问，把把关。他提到叶圣陶、沈从文、王朝闻，还有北大的季羡林及当时分管北大文科各系的副校长朱德熙当顾问。再组成一个编委会，找些对他较有了解的人，如叶至善，你（他指向我），程代熙等，为工作进展顺利，出版社出一两位，家属出几位。这就是后来《朱光潜全集》编委会组成人员：顾问：叶圣陶、沈从文、王朝闻、季羡林、朱德熙。编委：叶至善、吴泰昌、程代熙、严宝瑜、商金林、朱陈、朱式蓉、张崇贵、许振轩。封面题字请叶圣陶题写。

朱先生说，其实他不主张出全集，既然要出，就得尽可能收全，特

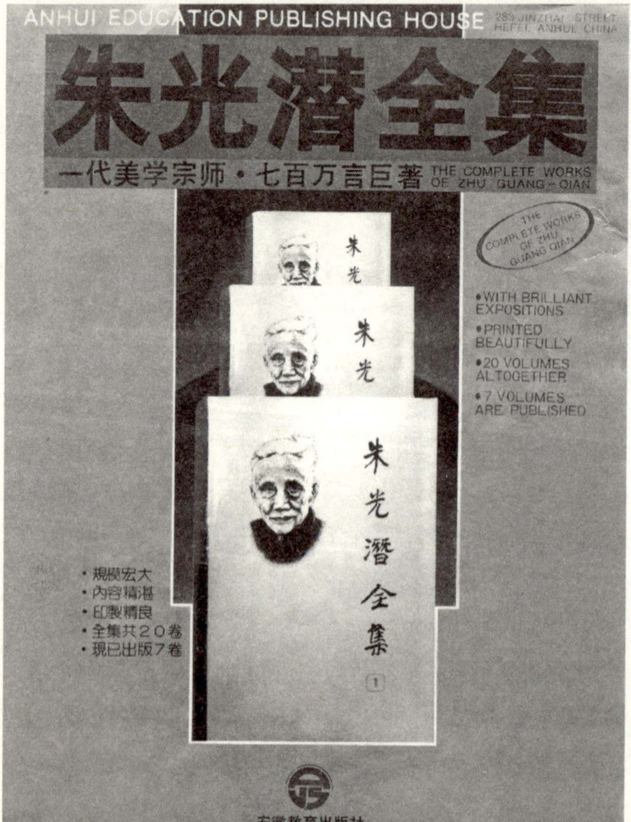

1987年至1989年安徽教育出版社陆续出版了《朱光潜全集》前六卷

别是他那些受到过批判和自己检查过的文章，除了他自己早已修订了的，绝不要为他“遮丑”，自行再改或有意不收。他说：“一个人的缺点是客观存在的，自己不说，生前别人客气，死后还是要被人说的。”他举例点到几个篇目，如1949年11月27日，他在《人民日报》上发表的《自我检讨》，他说，那篇文章是反映我当时对自己政治思想的认识，今天看来自我批判也许不够，但那是历史，历史是抹不去的。他在《自我检讨》文中说：

> 在解放以前，我对于共产党的主张和作风的认识极端模糊隐约，所看到的只是国民党官方的杂志报纸，所接触到的只是和我年龄见解差不多的人物，一向处在恶意宣传的蒙蔽里。自从北京解放以后，我才开始了解共产党。首先使我感动的是共产党干部的刻苦耐劳，认真做事的作风，谦虚谨慎的态度，真正要为人民服务的热忱，以及迎头克服困难那种大无畏的精神。我才恍然大悟从前所听到的共产党满不是那么一回事。从国民党的作风到共产党的作风简直是由黑暗到光明，真正是换了一个世界。这里不再有因循敷衍，贪污腐败，骄奢淫逸，以及种种假公济私卖国便己的罪行。任何人都会感觉到这是一种新兴的气象。从辛亥革命以来，我们绕了许多弯子，总是希望之后继以失望，现在我们才算走上大路，得到生机。这是我最感觉兴奋的景象。……我认为共产党所走的是世界在理论上所应走而在事实上所必走的一条大路。[1]

朱先生说，自己搞编辑工作也多年，解放后许多报刊给过他支持、帮助，使读者能认识他，了解他，帮助他，他特别感谢《人民日报》，还有《文艺报》。他说，《文艺报》1956年发表的《我的文艺思想的反动

---

[1]《朱光潜全集》第9卷，第537页。

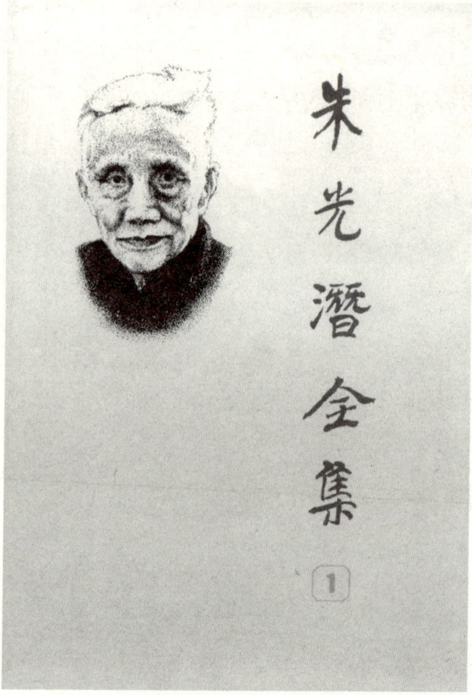

《朱光潜全集》共20卷，安徽教育出版社1992年出齐，叶圣陶题写了书名

性》，也是他据当时学习、思想改造运动后认识到的东西真心写的，文章发表前胡乔木、周扬、邓拓、邵荃麟等同志和他谈过，不是为了整人，清算是为了轻装上阵参加讨论。《文艺报》在发表这篇文章时加了个“编者按”，也体现了这个精神。《文艺报》1956年第12期在发表朱光潜《我的文艺思想的反动性》时的“编者按”说：

> 我们在这里发表了朱光潜先生的《我的文艺思想的反动性》一文，这是作者对他过去的美学观点的一个自我批判。大家知道，朱光潜先生的美学思想是唯心主义。他在全国解放以前，曾多年致力于美学的研究，先后出版了他的《文艺心理学》、《谈美》、《诗论》等著作，系统地宣传了唯心主义的美学思想，在知识青年中有过相当的影响。近几年来，特别是去年全国知识界展开对胡适、胡风思

想批判以来，朱先生对于自己过去的文艺思想已开始有所批判，现在这篇文章，进一步表示了他抛弃旧观点，获取新观点的态度，我们将在本刊继续发表关于美学问题的文章，其中包括批评朱光潜先生的美学观点及其他讨论美学问题的文章。我们认为，只有充分的、自由的、认真的互相探讨和批判，真正科学的、根据马克思列宁主义原则的美学才能逐步地建设起来。

朱光潜在《我的文艺思想的反动性》文中说：

解放前我发表的一些关于美学和文艺理论方面的著作，在青年读者中发生过广泛的有害影响。解放以来，对此我一直存着罪孽的感觉，渴望把马克思列宁主义学好一点，先求立而后求破，总要有一天把自己的思想上的陈年病菌彻底清除掉。

我的《文艺心理学》、《谈美》、《诗论》之类的书籍，本是从唯心观点出发的，与中国过去封建的文艺思想，与欧美的哲学、美学、心理学和文艺批评各方面的思想，都有千丝万缕的联系。我在唯心阵营里基本态度是调和折衷的，“补苴罅漏”的，所以思想系统是驳杂的，往往自相矛盾的。

我的文艺思想是从根本上错起的，因为它完全建筑在主观唯心论的基础上。[1]

朱光潜在文中表示，今后他将好好学习马列主义，认真破旧立新。

朱先生治学极其严肃认真，他翻译外国名著字斟句酌，不轻易下笔，既要将原文吃透，又要将原文加以贴切、流畅地表达，为读者阅读

[1]《朱光潜全集》第5卷，第11—12页。

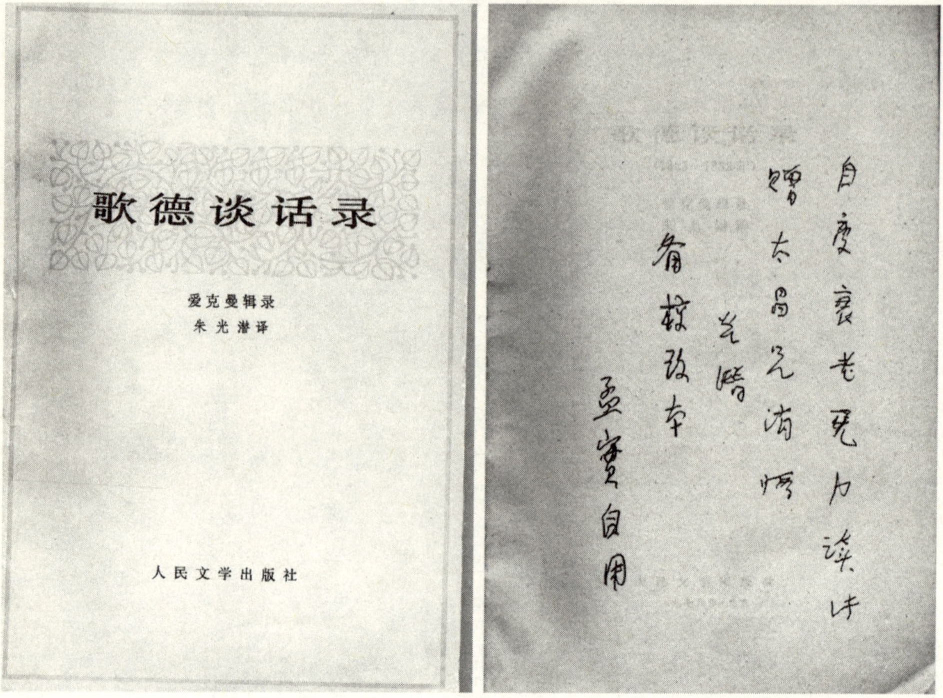

朱光潜 1985 年将修改多次的自用备校改本《歌德谈话录》赠与作者

考虑，适当加以注释。朱先生晚年多次说起，在翻译维柯《新科学》的间隙，花些时间，将已出版的译作再校订一番，除正文之处，引语、未及现查仅凭记忆以致有误的也要校改，专业术语译法先后不一致的要统一起来，对注释也要一一再加以查实。我曾见过他自用的几本译著，那上面就有不少校改的痕迹。

朱先生曾说过，人至多活到一百岁，靠自己的锻炼等多方面的努力，尽量接近这个目标。1980 年后朱先生已预感来日无多了。有次突然他同我谈起死的话题，他说现在给人写信或赠书，喜欢标明“时年八十有四”，他在给友人的信中甚至明确说，他至多能再活三五年。他清醒地意识到，他预计想做的事有些是做不完了。他叮嘱出全集时，一定要将他已校改过的地方改正过来，来不及校改的地方，只好留下辛劳他人了。

1985年5月4日，朱先生送我一本他翻译的《歌德谈话录》，我说："这本书1978年出版后，您早已送给了我。"他说："这也是初版本，但与以前送你的不一样，你仔细看看。"我当即翻开扉页，他写了几句话："自度衰老，无力读此，赠太昌兄消遣，光潜"，旁边还有两行字"备校改本孟实自用"。后来细看，才发现朱先生的自用本上译文和注释共有二三十处改动。编全集时，编者已按照朱先生在这本书中的多处改动加以校正，但也还有一些地方尚未改正。

朱先生平日记忆力特别好，他许多文章中的引语多是凭自己的记忆写的，我在替他编选《艺文杂谈》时，校正他一些文章中所引中国古代诗词时就深深感觉到这点。但他晚年常容易健忘。他在1981年8月14日给我的信中说："年老记忆力特差，往往极普通的本国文字都忘记怎样写了。"所以朱先生希望在编全集时，如发现一些时间上有明显的差误，一定查证改过来，可不在正文中改，加注说明即可。他回忆说，关于他学俄语的时间，他自己曾在文章中说近六十开始学，因美学大辩论更加发奋地学，后来别人也这么说。其实他仔细想，他之所以学俄文，起初并不是为了参加美学大辩论，在全国范围内开展六七年之久的美学大辩论并不是他事先预料到的，一解放他为了了解新社会，学习苏联，通过俄文书便于直接学习马列主义才开始自学俄文的，这大约是在他刚过五十的时候。他希望我们帮他查查刚解放时他写的文章，或许能弄清这个情况。果然在全集第十卷收了未刊过的朱光潜1953年4月20日写给吴耕莘的一封信中有记载："每周政治学习和开会也要占用不少时间，此外每天还要花点工夫学俄文……俄文已可勉强翻字典看书。"1953年朱先生五十六岁时已能"勉强翻字典看书"，推算他开始学俄文的时间要更早，应是五十多岁而不是近六十岁。朱先生文章中时间记忆有误的地方还有一些，全集的编者发现了的均加注作了说明。如收入全集第10卷的《美感问题》，朱先生在1982年写的"作者题记"中说："这篇

《美感问题》是我在1962年夏写的，我自己没有发表过，也记不得自己写过这篇稿子。”全集编者注云：“《美感问题》发表在1962年7月16日的《光明日报》。”安徽教育出版社和《朱光潜全集》的编者遵照朱先生的意思，以认真负责的态度做好了全集出版这件事。

全集编者在“出版说明”中说：“为了保存历史的真实，本书编委会决定对朱先生的原文不作任何增删与修改，只在订正文字讹误和统一译名方面做了必要的工作。”

编者还为每卷写了个简单的说明，扼要准确地交代了版本的选定，写作年代背景和作者的补注题记。全集第8—10卷，汇集了能找到的朱光潜从1921年至1986年间写的大量单篇文章和译作，这些文章和译作大部分发表过，除极少量在1980年12月湖南人民出版社出版的《朱光潜美学文学论文选集》和1981年12月安徽人民出版社出版的《艺文杂谈》中被选用过，绝大部分从未收过集子，约有百万字。为了便于读者、研究者了解朱光潜内容丰富、版本繁多的著译，各卷的说明或许能起一定的“向导”作用：

第一卷收《给青年的十二封信》、《变态心理学派别》、《文艺心理学》。

《给青年的十二封信》，作者写于留学英国期间，曾以“给一个中学生的十二封信”为题，分期发表在1926年11月至1928年3月的《一般》杂志上，1929年3月由开明书店出版。有附录两篇：《无言之美》曾在《民铎》杂志上发表，《悼夏孟刚》曾在《立达学园校刊》上发表。

《变态心理学派别》，作者写成于1929年，1930年4月由开明书店出版。

《文艺心理学》，作者在欧洲留学期间写成初稿，回国后在清华大学、北京大学、中央艺术学院任教时作为教材，并作了修改和增补，1936 年定稿，由开明书店出版。1981 年，该书收进上海文艺出版社出版的《朱光潜美学文集》，作者在阅读校样时在部分章节后增写了“作者补注”。

第二卷收《谈美》、《变态心理学》、《悲剧心理学》。

《谈美》，作者写于 1932 年，是继《给青年的十二封信》之后的“第十三封信”。《中学生》杂志曾选刊了其中的部分篇章，同年 11 月由开明书店出版。作者自称该书是“通俗叙述”《文艺心理学》的“缩写本”。

《变态心理学》，作者写于 1930 年，1933 年由商务印书馆出版。作者选用了《变态心理学派别》中的若干材料，以问题为中心，加以补充写成此书。

《悲剧心理学》是作者在法国斯特拉斯堡大学读书期间用英文写作的博士论文，1933 年由该大学出版社出版；1983 年 2 月，人民文学出版社出版了中译本（张隆溪译）。作者自称该书是他的“文艺思想的起点”，是《文艺心理学》和《诗论》的“萌芽”。

第三卷收《诗论》和《我与文学及其他》。

《诗论》，作者于 1931 年前后写成初稿，在北京大学、武汉大学任教时作为教材，并一再修改，1943 年由国民图书出版社出版。1948 年 3 月，正中书局出版增订本，增收了《中国诗何以走上“律”的路》（上、下篇）和《陶渊明》等三篇。1984 年 7 月，三联书店重版时将《中西诗在情趣上的比较》和《替诗的音律辩护》两篇补入作为附录。现在收进《全集》，又将《诗论》初稿原有的《诗的实质与形式》和《诗与散文》共两篇补入作为附录。历次增补的篇章都曾在报刊上发表。

《我与文学及其他》是《孟实文钞》的增订本，1943 年 10 月由开明书店出版。《孟实文钞》在 1936 年 4 月由良友图书公司出版，收入在报刊上发表的论文十五篇，修订时抽去了作者在欧洲留学期间撰写的《小泉八云》、《阿诺德》和《诗人的孤寂》等三篇，保留了作者在1933年至1936年间撰写的十二篇，补入了1937年发表的《理想的文艺刊物》和1943年发表的《从我怎样学国文说起》等两篇。编入本卷时，将《孟实文钞》原序和修订时删去的三篇文章收入，作为附录。

第四卷收《谈修养》、《谈文学》、《克罗齐哲学述评》。

《谈修养》收文章22篇，是作者在1940年至1942年间陆续写成的，1943年5月由重庆中周出版社出版。

《谈文学》收作者在抗战后期写作的论文19篇，1946年5月由开明书店出版。

《克罗齐哲学述评》写于1947年，1948年由正中书局出版。

第五卷收《美学批判论文集》、《谈美书简》和《美学拾穗集》。

《美学批判论文集》收辑了作者1955年至1958年写作的十篇美学论文，并附有英国美学家考德威尔《论美》的中译文，1958年10月由作家出版社出版。

《谈美书简》，作者写于1979年，1980年由上海文艺出版社出版。

《美学拾穗集》选编了作者八十岁以后写作的美学论文和札记共十一篇，并附录马克思的《关于费尔巴哈的提纲》建议的校改译文，以及马克思的《经济学—哲学手稿》部分章节的译文。1980年10月由百花文艺出版社出版。收进本卷时，抽出了其中《从具体的现实生活出发还是从抽象概念出发》，因为此文与《谈美书简》中的《从现实生活出发还是从抽象概念出发？》的内容、文字相同。

第六卷收《西方美学史》上卷和《西方美学史资料附编》上。

《西方美学史》上卷，人民文学出版社1963年7月初版，后经作者校改，并写了序论，于1979年6月再版。本卷根据再版本排印，补入了初版本的《编写凡例》和初版《序论》。

《西方美学史资料附编》上包括作者编译的《西方美学史资料附编》残稿中的与《西方美学史》上卷内容有关的部分。《西方美学史资料附编》编译于1963至1964年间，没有完成，部分手稿在“文化大革命”期间散失。

第七卷收《西方美学史》下卷和《西方美学史资料附编》下。

《西方美学史》下卷，人民文学出版社1964年8月初版，后经作者校改，并重写了《结束语》，于1979年11月再版。本卷根据再版本排印。

第八卷收朱光潜1921年初至1937年底写作的单篇文章。这些文章过去没有结集。这次结集，按写作发表时间先后编排，署名文章作为正文。未署名文章以及讲演记录作为附录。

第九卷收朱光潜1938年初至1949年末写作的单篇文章。这些文章过去没有结集。这次结集，大抵按所发表时间先后编排，署名文章作为正文，未署名的文章及讲演记录作为附录。

第十卷收作者1950年以来未收进其文集的单篇文章以及诗歌、书信等，其中大部分均已发表或重复发表，重复发表的文章，全集编者作了校订并加了注释；未曾发表过或根据手稿整理的文章，收进全集，都经作者家属和专家最后审定。

第十一卷收译作三种：

［法］柏地耶（今译贝迪耶）述《愁斯丹和绮瑟》（今译《特里斯丹和绮瑟》），开明书店1930年7月出版。

［意］克罗齐著《美学原理》，1947年11月由正中书局出版，1958年2月作家出版社出版修订版，修订版与韩邦凯、罗艽译克罗齐《美学纲要》1983年11月由外国文学出版社出合订版。本卷依修订版排印。

［美］哈拉普著《艺术的社会根源》，1951年10月由新文艺出

版社出版。

为统一全集的注释体例，原书不论是章后注或是书后注，一律改为脚注。

第十二卷收译作［希腊］柏拉图《文艺对话集》、［英］萧伯纳剧本《英国佬的另一个岛》。

柏拉图《文艺对话集》，上海文艺联合出版社1954年5月初版；上海新文艺出版社1956年11月出版新一版；人民文学出版社1959年11月出版改订本，1963年9月出版重订本，1980年1月列入该社《外国文艺理论丛书》重印。《全集》本卷依据外国文艺理论丛书本排印。

《英国佬的另一个岛》原载于人民文学出版社1956年12月出版的《萧伯纳戏剧集》第二卷。

第十三卷收译文［德］黑格尔著《美学》第一卷，1958年12月人民文学出版社初版，1979年1月商务印书馆出版修订本。

第十四卷收译文［德］黑格尔著《美学》第二卷，1979年11月商务印书馆出版。

第十五卷收译文［德］黑格尔著《美学》第三卷（上册），1979年11月商务印书馆出版。

第十六卷收译文［德］黑格尔著《美学》第三卷（下册），1981年11月商务印书馆出版。

第十七卷收译作二种：

［德］莱辛著《拉奥孔》，1979年8月人民文学出版社出版；

［德］爱克曼辑录《歌德谈话录》，是选译本，1978年8月人民文学出版社出版。

第十八卷收译作《新科学》第一、二卷（［意大利］维柯著）。

《新科学》，人民文学出版社1986年5月作为《外国文艺理论丛书》的一种初版。商务印书馆列入“汉译世界学术名著丛书”于

1989年6月重新出版。

第十九卷收译作《新科学》中的第三、四、五卷（[意大利]维柯著）。

《新科学》，人民文学出版社1986年5月作为《外国文艺理论丛书》的一种初版。商务印书馆列入“汉译世界学术名著丛书”于1989年6月重新出版。

第二十卷收朱光潜各个时期发表、未收进其文集的单篇译文与译者所分担的三本书的部分译文，计17篇。

朱先生逝世当天上午，我去看望朱师母。她在悲痛中对我说：“朱先生走了，全集安徽出不出没有关系，若出，你记住朱先生生前对你交代的一些话，帮助多看看。”朱先生去世不久，安徽教育出版社负责

1986年3月17日，在北京八宝山革命公墓举行的朱光潜先生遗体告别仪式上，全国政协主席邓颖超（右）向朱先生亲属表示亲切慰问

人许振轩和朱先生的侄儿朱式蓉等人来京，就积极开始了全集的资料收集、版本订正和编辑工作。

看了全集里各卷所收的篇目，我深有感触地想起朱先生曾漫不经心地谈起过自己的三本书出版的小插曲。

朱先生在欧洲求学期间，写过一部《悲剧心理学》，一部《变态心理学派别》，这两部书均已出版，而同时期写的另一部《符号逻辑学》却未得以出版，原因是"稿交商务印书馆，在日本侵略上海时遭火灾焚毁了"。朱先生对此并不可惜，他说："在民族大灾难中，个人的这点损失不算什么。"

"十年浩劫"中，朱先生为有助读者学习《西方美学史》，拟编《西方美学史资料附编》，翻译了大量的有关资料，不幸被抄家散失了许多，其中他最痛惜的是译定的黑格尔《美学》第2卷译稿也被抄走了。黑格尔著的《美学》第一卷是1958年出版的，第二部刚译完，"文化大革命"的风暴突然袭来，朱先生家被抄，他本人也以特字号"历史反革命"、"资产阶级反动学术权威"与翦伯赞、冯友兰、冯定等一起被批斗，强制劳动。朱先生不大爱提文化大革命的事，据他的长女朱世嘉回忆说：

> "文革"中，父亲从"牛棚"里放出来，又被指派到北大校内的联合国文件资料翻译组"接受改造"，每天在扫地、冲洗厕所之余，做些翻译工作。有一次父亲在西语系清扫垃圾，从乱纸堆里发现了自己翻译的黑格尔《美学》第二卷的译稿，那是抄家的时候当作"封资修"抄走的；惊喜之余，他偷偷地告诉了联合国文件资料翻译组负责人马士沂同志，并且表示了自己想拿回来又不敢去拿的矛盾心情，因为译稿尚待校改，而自己又已经写过"认罪书"，说不再搞这些东西了。马士沂同志很了解我父亲此刻的心情。翻译黑格尔《美学》是中央一位领导同志交给父亲的一项艰巨任务，也是

父亲多年的夙愿。“文革”中，翻译《美学》不仅成了父亲的罪名，也成了那位领导同志“包庇、重用反动学术权威”的“重要罪证”之一。马士沂同志从乱纸堆中找出译稿送到父亲手中，对父亲说，“既然你以前放了毒，现在再把全书好好看看，错在哪里，批判批判也好嘛！”父亲心照不宣，开始在劳动之余做这部译稿的整理工作。马士沂同志是个细心人，他找了一套两间的房子，让父亲躲在里间整理《美学》译稿，自己在外间工作，同时掩护我父亲。下班时，他再用联合国资料将父亲的译稿遮盖起来，不露一点痕迹。这几年，是父亲不停地挨批挨斗、劳动改造的几年，也是父亲争分夺秒埋头整理译稿的几年，就连监管父亲的“军、工宣队”队员也说：“这个老头还挺努力的！”而这几年，马士沂同志也一直细心地做着这种特殊的掩护工作，从未大意过。父亲逐字逐句推敲，修改译稿。稿纸上写得密密麻麻，难以辨认。马士沂同志又私下找到中文、外文都很好的一位女同志为父亲誊写。那个时候父亲每月只能领到二十元生活费；那位女同志没有工作，生活也不宽裕，但她分文不取，为父亲抄写了大量稿件，还对译稿提出了很多宝贵意见。黑格尔《美学》第二卷的译稿修订工作，就是这样在这二位同志无私无畏的帮助下秘密完成的。[1]

该书责任编辑、朱先生的学生陈兆福在《朱光潜和商务印书馆》文中也说：

马士沂同志与我原是前后同学，我从干校回来后曾去拜访他，了解到孟实师的情况和处境。于是，我按照“文革”期间联系作译者的习惯作法，向北大工宣队提出要会见孟实师，请他们安排。

[1] 原载1986年3月30日《光明日报》。

1971 年开了全国出版工作会议，会议纪要在全国先后传达。人们都已知道出版社“端正了革命航向”，置于无产阶级司令部的“革命红线”之下，既然出版社去约稿，当然是贯彻“红线”，所以工宣队没有多所刁难。1974 年的一天，在北大十七楼（五十年代的学生宿舍，此时已是教员住房）的一间房里，我又见到了孟实师。他是由专人带来的，他跟二十年前一样：身材矮小，背显得有点驼，仍然穿一身蓝布衣裳，虽然经过“文革”的“急风暴雨”的袭击，却毫无沮丧的神情。工宣队事先告诉我，如果有翻译任务，必须先征得他们的同意，我一口答应。头一、二次见面，都有专人陪谈，我只找些冠冕堂皇的话，东拉西扯。后来几次，专人不耐久陪，把孟实师送来就退场，我们这才开怀畅谈，孟实师欣然把《美学》交给了我馆。

《美学》出版以后，受到文艺界、学术界的广泛好评，一些报刊发表评介文章。这些，我不想多说。可是，这么一部世界学术名著，而且广泛受到欢迎的书籍，其翻译出版历程，竟然如此艰难、曲折，以至需要采用“掩护”、“秘密整理”和“巧妙联系”等手段，这是人们所始料不及的，在现代出版史上恐怕也是少见的吧？！[1]

朱先生谈起这件事反倒坦然，他对我说：“如真丢了，也没有太大问题，我会重译”，但是，他严肃地说：“又得花去我一段时间，我的余日不多了，这会大大影响维柯《新科学》的翻译。”而翻译《新科学》是悬在他心头长久的夙愿，不译完他是绝不会安心去见马克思的。

另一部书的命运更奇特。朱先生送了我手头存有的几乎全部著作和译著。我每次去看他都会有所收获。有次，他拿着《从文艺复兴到

[1]《朱光潜纪念集》，第 72—73 页。

十九世纪资产阶级文学家、艺术家有关人道主义、人性论言论选辑》这本书问我，你有没有这本书？我说，这是本内部参考书，我走后门从商务印书馆买到了。他说，你若没有，这本书我也不能送你，因为这本书虽是我主编的，但署名没有我，也没有用我写的序文。编这本书是北大西语系组织上交给的一项任务，那时我正要暂调到哲学系美学教研室。西语系还为我配了个助手，希望尽快完成这件事。详情细节朱先生并未多谈。

说来也巧，2004年，有次见到老同学夏玟。夏玟"文革"前在北大西语系文学教研室工作，"文革"后调到人民文学出版社主持外国文学编辑室工作。在交谈时夏玟突然提到，她1961年至1964年曾当过朱光潜先生的助手。原来朱先生所谈的"助手"就是她。她说：给朱先生当助手，一是跟他学西方文论，二是协助他编纂《从文艺复兴到十九世纪资产阶级文学家、艺术家有关人道主义、人性论言论选辑》那本书。关于编选这本书，她仔细地回忆说：

> 还有一件让我受益匪浅的事，即协助朱先生编辑《从文艺复兴到十九世纪资产阶级文学家、艺术家有关人道主义、人性论言论选辑》一书。这是中宣部于1961年下达的任务，点名请朱光潜先生选编。在我印象中，朱先生是欣然接受此项任务的，积极性非常高。1961和1962年，整整两年内他的主要精力都放在这件工作上。这一时期，我平均每周都要在朱先生家工作两天。先生选材、写说明，我帮他抄录（当时还没有复印机）、分类整理、草拟小标题，最后由先生定夺。这对我来说完全是个学习过程。在这过程中，我扩大眼界，熟悉了西方近代文化思想的脉络，且初步受到了编译工作的训练。先生所选的材料，仅一部分有中文译本，有许多尚需翻译，朱先生自己译一些，其他的让我去组织西语系、俄语系的教师译。法文方面的，他曾让我试译一些小段落，权作翻译练习，最后

由他修改定稿。这部四十多万字的《选辑》，因种种原因搁置了许多年，直至 1971 年 11 月才由商务印书馆作为“内部发行”的图书付梓印刷，出版说明中注明此书系“供批判用”云云，署名是“北京大学西语系资料组”，根本不提朱先生的名字，朱先生为此书撰写了一长篇序文，也没有被采用。[1]

什么原因使这本书出版时商务印书馆删去了朱光潜“主编”的署名，又抽去了朱光潜写的序言呢？“编者北京大学西语系资料组”在该书“出版说明”中说：“本选辑成书于文化大革命前，缺乏革命的批判精神（如未能冠以批判性的标题，评价人物及观点时都存在不少问题）。由于早已打好纸型，故存在种种问题概未纠正，希望读者使用时加以批判，并提出宝贵意见。”

1972 年 6 月，中共北京大学党委和校革命委员会结束了对朱光潜历史问题长达数年的审查，朱先生又“重操旧业”。从冬天起参加了翻译联合国安理会文件的工作，还负责了部分校改责任。

之所以出现这种怪事，是因为当时出版单位“一位好汉”手中的那支恣意的笔。一位商务印书馆的知情人曾回忆说：

1964 年，根据当时政治形势，孟实师和周辅成师接受任务编两部大书由我馆出版，它们是：《从文艺复兴到十九世纪资产阶级哲学家、政治思想家有关人道主义、人性论言论选辑》和《从文艺复兴到十九世纪资产阶级文学家、艺术家有关人道主义、人性论言论选辑》。前者于 1966 年出版，主编署名周辅成；后者于 1971 年 11 月出版，署名北京大学西语系资料组编，当时正是四凶横行的困难时期，孟实师被列为“专政对象”，于是一位“好汉”轻轻一

[1] 艾珉：《朱光潜先生和我的师生情谊》，待刊。

笔，就把孟实师的劳动抹煞了。[1]

1978年，朱光潜先生将因“缺乏革命的批判精神”出书时被抽掉的序文，以《文艺复兴至十九世纪西方资产阶级文学家、艺术家有关人道主义、人性论的言论概述》为题，发表在1978年10月《社会科学战线》第3期。朱先生认为对任何学说的性质和作用，都要作历史的具体的分析。他在文中说：

> 从以上的粗略叙述中可以看出，人道主义从文艺复兴到十九世纪经历过的发展过程中，各阶段具有不同的内容，起过不同的作用，因而具有不同的性质。在文艺复兴时代，它是作为反封建、反教会的武器而提出的，它的主要内容是肯定人的地位和现世幸福生活的价值，其中最有价值的东西是人能借认识自然而征服自然的思想。到了十七八世纪，资产阶级力量日渐强大，资产阶级革命的问题已提到日程上，人道主义就由一般文化思想战线上转而集中到政治战线上。于是人权、自由、平等和理性这些概念成为它的主要内容。资产阶级改变了剥削方式而没有改变剥削制度，想以一个阶级代表全民说话，所以自由平等之类概念仍有它们的局限性和欺骗性。但是这些思想促成资产阶级革命，所以基本上还是进步的。到了十九世纪，西方各国资产阶级相继获得了或巩固了政权，阶级分化日益加剧，资产阶级和无产阶级的矛盾也日益尖锐化，于是人道主义一方面转化为博爱主义，作为阶级调和论的基础，另一方面突出地表现为个人主义以及它的直接后果：悲观主义和颓废主义。人道主义到此就演变成为它的对立面：反人道主义，因此也就变成反动的了，这种情况到二十世纪更加变本加厉。[2]

[1]《朱光潜纪念集》，第71页。
[2]《朱光潜美学文集》第3卷，上海文艺出版社1983年版，第179—180页。

1989年8月23日，安徽教育出版社和民盟中央文化委员会举行《朱光潜全集》新书发布会，与会者高兴地得到已出版的三卷。会议主持人在发言中援引了新华社播发的“朱光潜同志生平”中的这段话：

> 朱光潜同志视野开阔，对中西文化都有很高的造诣。在他的七百多万字的论著和译著中，对中国文化作了深入研究，对西方美学思想作了介绍和评论，融贯中西，创立了自己的美学理论，在我国文学史和美学发展史上享有重要地位。他几十年如一日孜孜不倦辛勤劳动，为中国人民留下了宝贵的文化财富。[1]

也有人在发言中引用了周扬说过的一句话：“朱老虽逝，他留下的精神财富却更为珍贵，将成为文学史册中的珍宝。”[2] 皇皇二十卷的《朱光潜全集》正是这个“珍宝”的闪耀。

朱先生没有亲眼看到全集的出版，但《朱光潜全集》永远留存在中华民族文化宝库中，“美学老人”永远活在自己的著作里，活在广大学生和读者心中。

[1]《朱光潜纪念集》，第4页。

[2]《朱光潜纪念集》，第10页。

修订本后记

《我认识的朱光潜》由上海文艺出版社2008年4月初版，北京三联书店在虎年伊始之际即将付梓这本书的修订本，我很高兴。修订本文字上没有异动，图片略有增加，安置上有某些调整。我在初版书的“写在书后”中曾说：

> 朱光潜先生走了二十一年，今年适逢他诞辰一百一十周年。希冀这本小书能表达一个读者，一个普通受业弟子对崇敬的老师一丝怀念之情。
>
> 朱光潜留下的宝贵文化财富和认真求实、勤学奋进的治学育人精神是中华民族文化学术向前发展的珍宝，不仅属于20世纪，也不仅属于中国。
>
> 新世纪以来，我计划写作的“亲历大家”系列正在逐步进行。这部拙稿是继2003年出版的《我亲历的巴金往事》和2005年出版的《我认识的钱锺书》之后的又一部。我想坚持写下去。朱光潜先生八十始，才着手翻译被称为“天书”的维柯《新科学》，日复一日，咬住不放，终于在他离世前完成了。前贤先哲们那股生命不息、老而有为的精神深深触动我，激励我。

感谢袁鹰和石一宁、韩樱给予的帮助，感谢朱光潜先生亲属宛小平、姚昕在图片采用上的支持。

吴泰昌

2010年元月于北京

图书在版编目（CIP）数据

我认识的朱光潜/吴泰昌著．—修订本．—北京：
生活·读书·新知三联书店，2010.8 （2012.6 重印）
(2012.9 重印)
（亲历大家系列）
ISBN 978－7－108－03425－0

Ⅰ．①我… Ⅱ．①吴… Ⅲ．①朱光潜（1897～1986）
－生平事迹 Ⅳ．①K825.7

中国版本图书馆 CIP 数据核字（2010）第 035517 号

责任编辑 卫 纯
封扉设计 罗 洪
责任印制 徐 方
出版发行 生活·讀書·新知 三联书店
（北京市东城区美术馆东街 22 号）
邮 编 100010
经 销 新华书店
印 刷 北京隆昌伟业印刷有限公司
版 次 2010 年 8 月北京第 1 版
2012 年 9 月北京第 3 次印刷
开 本 635 毫米 × 965 毫米 1/16 印张 13.25
字 数 173 千字
印 数 13,001－16,000 册
定 价 26.00 元